깨어진 **세상**
희망의 **복음**

IVP(InterVarsity Press)는
캠퍼스와 세상 속의 하나님 나라 운동을 지향하는
IVF(InterVarsity Christian Fellowship)의 출판부로서
생각하는 그리스도인을 위한 문서 운동을 실천합니다.

그리스도인이 믿는 신과 구원, 희망의 의미
깨어진 **세상** 희망의 **복음**

김유복

일러두기
이 책에 인용된 성경 본문은 새번역을 사용하였습니다.

차례

들어가는 글   7

1부. 창조주의 얼굴
1. 별빛 사이로 보이는 얼굴   15
2. 인간을 클릭하다   39
3. 낙원의 파편   65

2부. 그가 일어나 이곳에 오셨다
4. 폐허에서 들리는 노래   83
5. 왕의 귀환   101
6. 빈 무덤   121
7. 세상으로 내려온 천국   145
8. 십자가를 따라서   173
9. 왕과 백성   201

책으로의 산책   219
이것이 궁금하다!   223

들어가는 글

처음에 나는 신을 믿는다는 것이 세뇌에 의한 것이라 여겼다. 세뇌란 특정한 사상을 억지로 받아들이게끔 생각을 강제하는 것이다. 신앙이란 도무지 믿을 수 없는 것을 믿는 것 아닌가! 존재하지 않는 것을 믿으려면 정말 큰 믿음이 필요하겠다 싶었다.

예수는 소설 속에 나오는 신화적인 인물에 불과했다. 복음서의 많은 내용들은 조작된 것이 분명해 보였다. 특히 부활이 그랬다. 어떻게 죽은 사람이 다시 살아난단 말인가. 그럼에도 많은 사람들이 그를 구원자로 믿고 따른다는 사실이 놀랍기도 했다. 내가 보기엔 지성을 가진 멀쩡한 사람들이었기 때문이다. 한편 교회는 고통받는 세상 현실에 대해서는 아무 관심도 없는 듯 보였다. 기독교 신앙이란 피안(彼岸)만을 추구하는 도피적인 종교였다. 그들의 천국은 이 세상 사람들의 고통을 어루만지기엔 너무 멀리 있었다. 게다가 그를 믿는다는 사람들이 저지르는 나쁜 일들은 그런 생각을 더욱 가중시켰다. 물론 제대로 확인도 해 보지 않은 채 소문을 퍼뜨리는 사람들도 있었다. 소문에 따르면 그는 심히 까다롭고 변덕이 심하며 폭력적이기까지 했다. 그렇게 신에 대한 내 오해는 눈덩이처럼 불어났다.

수상한 소문에 연루되어 있지만 알고 보면 좋은 사람이 있고, 편견과 선입견으로 어떤 존재의 실체를 몰라보는 경우도 많다. 내게는 기독교의 하나님이 그랬다. 하지만 그에 대한 나의 오해와 선입견은 대학교 2학년 때부터 깨지기 시작했다. 견고한 그간의 오해를 풀어 주는 한 사람을 만났던 것이다. 그를 통해 나는 사람들이 알고 있는 하나님의 모습이 하나님의 참된 모습과 너무나도 다르다는 사실을 알게 되었다. 더욱 놀라웠던 것은 그를 믿는다는 교회조차도 하나님을 오해하거나 심지어 모르고 있다는 사실이었다.

나는 그렇게 슬픈 오해를 받고 있는 어떤 분을 변호하기 위해 이 책을 썼다. 나는 좋은 영화나 감동적인 영화를 보고 나면 가까운 사람들에게 그 영화를 미친 듯이 권한다. 좋은 것은 함께 나누고 싶은 법이지 않은가. 내게는 하나님과 교회가 그렇다. 모쪼록 이 책을 통해 많은 사람들이 오해를 풀고 하나님과 화해했으면 좋겠다.

많은 사람들이 아무렇게나 기독교를 나름의 방식으로 정의하고는 난도질을 해 댄다. 이미 많은 사람들이 지적했듯이, 최근 등장한 새로운 무신론자들은 선동가들이다. 그들이 '기독교는 이런 것이다' 라고 내린 정의들은 일면 겸허히 성찰할 부분이 있지만 대부분은 편견과 무지의 소산이다. 기독교를 비판하든 지지하든, 올바른 순서는 먼저 기독교가 무엇을 말하는지를 제대로 아는 것일 테다. 그래서 나는 이 책에서 기독교가 말하는 복음이 무엇인지, 그리스도인들이 하나님을 믿고 성경을 따르는 이유가 무엇인지를 설명하려고 했다. 물론 이 작은 책 한 권으로 기독교의 모든 것을 보여 줄 수는 없겠지만 하나님과 기독교에 대한 심각한 오해의 일면을 풀어 주기에는 충분할 듯하다.

이 책은 2부로 구성되어 있다. 1부에서는 하나님이 존재한다는 사실을 보여 주는 몇 가지 단서들을 다룬다. 그리스도인들은 도저히 믿기 힘든 존재를 맹목적이고 억지스럽게 믿는 것이 아니며, 그들의 신앙에는 일정 수준의 합리적 근거들이 있다는 것이다. 하나님의 존재를 궁금하게 여기던 사람들은 여기 제시된 단서들을 평가해 볼 수 있을 것이다. 2부에서는 본격적인 기독교 이야기를 썼다. 세상은 왜 고통에 빠지게 되었는가? 기독교의 하나님은 고통에 빠진 세상을 위해 무엇을 하시는가? 그리고 고통에 빠진 이 세상에 희망은 있는가? 그리스도인들이 믿기에 궁극적인 희망은 하나님이 살아 계시고 이 땅을 통치하신다는 사실에 있다. 하나님은 이 땅에 그분이 다스리는 대안 공동체인 하나님 나라를 세우고, 그 나라의 백성이 된 그리스도인들과 함께 일하심으로써 깨어진 이 세상을 회복하려 하신다. 그러니까 이 책은 기독교가 제시하는 궁극적 희망에 관한 이야기다.

이 책이 나오기까지 많은 분들의 도움이 있었다. 하나님에 대한 오해를 풀어 주고 지금껏 영적 멘토가 되어 주시는 주은혜교회 박영덕 목사님, 내게 글을 쓰고 책을 짓는 사람이 되라고 아낌없는 격려를 해주신 로고스서원 김기현 목사님, 이 두 분이 없었다면 이 책은 결코 세상에 나올 수 없었을 것이다. 또한 원고를 보고 흔쾌히 출판을 결정해 주신 IVP 신현기 대표와 편집을 맡아 따끔한 충고를 마다하지 않았던 편집부 정효진 간사에게도 감사드린다.

특히, 모든 젊음을 불사르며 함께 캠퍼스를 누볐던 이견우, 문태언, 김은영, 김경희 간사를 비롯한 많은 활동학사들, 이 땅에서 누리는 천국의 충만한 기쁨이 어떤 것인지를 내게 가르쳐 준 기쁨의교회 모든 가족들과 함께 이 복음이 나누어지는 즐거움을 함께 누리고 싶다.

마지막으로, 사랑스런 아내 남형과 예쁜 딸 현지, 듬직한 두 아들 현은과 명은. 하나님 안에서 한 가족이 되어 함께한 모든 시간들이 이 땅에서 누리는 천국의 기쁨이었음을 이 지면을 통해 고백한다.

이 책을 읽는 모든 이에게, 이 땅에서 시작된 천국의 기쁨이 영원히 반짝이며 빛나기를.

1부
창조주의 얼굴

1 별빛 사이로 보이는 얼굴

가족과 함께 태국의 섬들을 여행한 적이 있었다. 따오라는 작은 섬에 며칠을 머물며 자그마한 배 한 척을 빌렸다. 가이드는 관광객들의 발길이 잘 닿지 않는 숨은 관광지로 우리를 안내했다. 그러자 놀랍도록 때 묻지 않은 비경과 잡지에서 사진으로나 보아 오던 아름다운 해변이 눈앞에 펼쳐졌다! 가이드는 바나나 하나를 딸아이 손에 쥐어 주며 바다에 넣어 보라고 했다. 아이가 물에 손을 넣자 형형색색 수많은 물고기들이 아이 손으로 몰려들었다. 그야말로 장관이었다. 딸은 너무도 놀랍고 즐거워서 손뼉을 치고 탄성을 질러 댔다. 난생 처음 스노클링도 했다. 파도를 따라 일렁이는 해초, 산호 숲 사이를 헤집고 다니는 작은 물고기 떼…. 우리는 그 섬과 바닷속 비경을 마음껏 즐기고 경탄을 쏟아냈다.

　우리를 둘러싼 이토록 아름다운 것들은 원래부터 무심히 그 자리에 있었을까? 황토물이 끝없이 쏟아져 내리는 장엄한 이구아수 폭포에는 우리를 압도하는 무엇이 있다. 어린 아기의 해맑은 미소는 종족 보존 본능만으로는 설명할 수 없는 어떤 감동을 준다. 심해의 신기한 생물들은 먹고 싶다는 마음보다는 아름답다는 감탄을 불러일으킨다. 하늘에서 빛나는 별들과 해질녘 붉은 노을을 보면 가슴이 벅차오른다. 도대체 이 모든 것들은 어떻게 그리고 왜 거기 존재하게 된 것일까? 그저 우연일까 아니면 소위 조물주라는 존재가 의도적으로 계획한 것인가?

이런 질문은 그저 지적인 차원에서 제기하고 넘어가 버릴 문제가 아니며, 뭐든 따지기 좋아하는 사람들이 만들어 낸 골치 아픈 문제도 아니다. 애초에 이 세계를 만든 존재가 있느냐 없느냐 여부는 사실상 우리 인생을 결정하는 매우 중요한 문제다. 만약 세계를 창조한 신이 있고 그에게 어떤 의도가 있었다면, 우리가 이 세계 속에 태어나고 살아가는 것도 그 신의 의도와 분명한 관계가 있을 테니까 말이다. 그리고 이 세상이 어디로 가고 있는지, 현재 인류가 처한 이 고통스러운 상황이 과연 어떻게 해결될 것인지도 그를 통해 알 수 있을지 모른다. 따라서 이런 질문들을 대수롭지 않게 여기고 사는 것이야말로 엄청난 도박이라 할 수 있다. 도박장에서야 돈만 잃고 말지만, 이 문제에 걸린 것은 우리의 영원한 운명이기 때문이다.

그런데 창조주의 존재 여부가 그토록 중요한 문제임을 인정한다 하더라도, 그가 존재한다는 사실은 어떻게 알 수 있을까? 결론부터 말하면, 창조주의 존재를 증명할 궁극적인 방법은 없다. 신 존재에 대한 모든 증명은 어떤 식으로든 반박이 가능하기 때문이다. 그러나 반박이 가능하다고 해서 그 반박의 주장이 무조건 증명되는 것도 아니다. 따라서 나는 신 존재 증명에 관한 복잡한 이론들을 펼칠 생각이 없다.

그러나 만약 신이 존재한다면, 그가 창조한 세상에는 그에 대한 어떤 실마리들이 있을 것이다. 예를 들어 살인 사건 현장에서 범인이 사라졌는데 다행히 용의자를 발견했다고 하자. 그러나 현행범이 아닌 한 그가 범인임을 '증명'하기란 거의 불가능하다. 한 번 일어난 사건은 다시 이전과 똑같은 시간과 공간으로 돌아가 되풀이될 수 없기 때문이다. 그런데도 셜록 홈즈는 누가 범인인지 여러 가지 단서들을 통해 기가 막히게 알아낸다. 구두에 묻은 흙, 사건 당일 개가 짖지 않았다는 사실, 범행 현장의 혈흔, 범인의 평소 습관과 성격 등, 여러 단서들을 종합해 누가 살인범인지를 정확히 지목한다. 마찬가지로, 세상을 신이 창조했다면 이 세계 속에 어떤 단서가 흩어져 있을 것이다. 물론 세상 모든 사물에 '이것은 신의 작품'이라는 도장이 찍혀 있지는 않을 테지만 어떤 힌트들을 기대해 볼 수는 있을 것이다.

나는 이 책의 전반부에서 그와 같은 단서들을 몇 가지 살펴봄으로써, 신이 존재한다는 믿음이 신이 존재하지 않는다는 이론보다 훨씬 합리적임을 설명하고자 한다. 그리고 그 첫 번째 단서는 바로 우주다.

경이로운 우주

우리가 확실하게 아는 한 가지 분명한 사실은 우주가 존재한다는 것이다. 우주의 존재와 그 시작은 오랜 기간 과학자들의 깊은 관심과 연구의 대상이었다. 현재까지 과학적 결론에 따르면 우주의 기원은 대략 150억 년 전의 빅뱅 즉 대폭발이다. 그런데 우리의 궁금증은 여기서 그치지 않는다. 대폭발이 있었다는 것은 결국 우주에 시작이 있었다는 말인데, 대폭발 이전에는 무엇이 있었으며 어떤 요소가 대폭발을 일으켰을까?

스티븐 호킹은 「위대한 설계」(까치글방)에서 이러한 종류의 세계를 출현시킨 원인이 중력이라고 한다. 그 중력은 어디서 왔으며, 세계를 지금의 모양으로 빚어낸 법칙과 원리는 또 어디서 왔다는 말인가? 아무것도 없는 무의 상태에서 갑작스런 폭발이 일어나 이토록 아름답고 질서정연한 우주가 생겨날 수 있는가? 인류 최초의 DNA 게놈 해독 프로젝트의 책임자였던 프랜시스 콜린스 역시 그와 같은 고민을 했다.

> 대폭발을 설명하려면 신을 말할 수밖에 없다. 또 자연은 시작이 분명했다고 결론내릴 수밖에 없다. 나는 자연이 어떻게 자연을 창조할 수 있었는지 알 수 없다. 단지 시간과 공간 저 너머에 초자연적인 힘이 존재해 그 일을 했으리라고밖에는…[1]

그러니까 대폭발을 통해 이 거대한 우주를 출현시킨 어떤 강력한 존재, 즉 창조주가 우주의 존재 이전부터 있었다는 것은 그리 억지스럽기만 한 생각은 아닌 것 같다. 게다가, 어떤 시점에 출현하게 된 우주가 상당히 정교한 법칙을 따라 작동하고 있다는 사실은 그 생각을 더욱 강하게 뒷받침한다. 우리는 우주의 규칙성을 당연시하

---

[1] 프랜시스 S. 콜린스, 「신의 언어」(김영사), p. 72.

지만, 그것은 결코 당연한 것이 아니다. 불규칙한 우주도 얼마든지 가능하기 때문이다. 우리가 사는 우주에서는, 오늘 땅으로 떨어지는 사과가 내일 갑자기 하늘로 떠오르지 않는다. 어제는 섭씨 100도에서 끓던 물이 오늘은 40도에서 끓지 않는다. 안전하게 라면을 끓이고, 우주선을 저 광활한 우주로 보내며, 쇳덩이로 만든 선박이 드넓은 바다를 항해할 수 있는 것은 이 우주가 규칙성을 가진 질서정연한 세계이기 때문이다.

또한 신비롭게도 이러한 우주의 질서는 생명체의 탄생을 위해 마치 누군가가 정밀하게 조정한 것처럼 느껴진다. 중력상수와 여러 핵력에 대한 다양한 상수 등 15개의 상수 중 어느 하나가 백만 분의 일, 아니 어쩌면 몇 조 분의 일만 틀렸어도 우주는 현재의 상태에 이르지 못했을 것이라고 하니 놀라울 따름이다. 물질이 유착될 수 없었고, 은하계나 수많은 별, 혹성, 인간도 생겨날 수 없었을 것이라는 말이다.[2] 즉 우주는 생명체의 탄생이 가능하도록 정밀하게 조율되어 있는데, 이것을 과학자들은 미세조정 원리(fine-tuning argument) 혹은 인간중심 원리(anthropic principle)라고 부른다.[3]

---

[2] 티머시 켈러, 「살아 있는 신」(베가북스), p. 194.
[3] 과학과 신학 두 분야의 통합의 길을 모색하고 있는 신학자 알리스터 맥그래스는 이 주제에 관해 *A Fine-Tuned Universe*(IVP 근간)라는 탁월한 책을 썼다.

우주의 기본 상수가 달라지면 우주는 지금과는 전혀 다른 형태가 되고 우리에게 익숙한 생명체도 생겨날 수 없었을 것이다. 그렇다면 이렇듯 질서정연하고 아름다운 우주가 존재한다는 사실, 그리고 고도로 정밀한 우주에 숨 쉬고 활동하고 사랑하고 자식을 낳는 신비로운 생명체가 존재한다는 사실은 기적 중의 기적이라 할 수 있다. 물론 우연으로 여길 수도 있을 것이다. 어쩌다가 운 좋게 우주가 만들어졌고, 우리도 어쩌다 이 우주에서 태어났다고 말이다. 그럴 수도 있을 것이다. 하지만 놀랍도록 정교한 법칙을 따라 작동하는 이 세상의 출현이 '우연'이라 믿는 것이 합리적일까, 아니면 그것을 의도하고 조율한 이가 있다고 믿는 것이 합리적일까? 아름다운 다비드 상을 보며 미켈란젤로의 천재적인 손길을 생각하듯, 다종다양한 생명이 탄생하도록 고안된 고도로 복잡하고 아름다운 우주를 보며 창조주의 섬세한 손가락을 떠올리는 것이 더 합리적이지 않을까?

　마지막으로 생각해 볼 점은, 인간이 우주를 이해하는 능력을 가졌다는 사실이다. 인간 지성은 수학을 통해 우주의 비밀을 풀어낸다. 영국의 저명한 물리학자 존 폴킹혼은 「쿼크, 카오스 그리고 기독교」(SFC)에서 "수학은 순수한 사고다. 우리의 수학자 친구들은 연구

실에 앉아 머릿속으로 순수한 수학의 아름다운 형태들을 생각한다"고 말했다. 그런데 놀라운 것은, 수학자들의 '내부'에 있는 이 '아름다운 형태들'이 그들 '외부'의 물리적 세계 즉 우주에서도 발견된다는 것이다. 그래서 폴킹혼은 묻는다. "무엇이 우리 머릿속의 수학과 같은 '내부의 합리성'과 물리적 세계의 구조와 같은 '외부의 합리성'을 연결하는 걸까?"

좀더 알기 쉽게 음악을 예로 들어 보자. 음악은 우리의 내부 세계와 외부 세계가 연결되어 있음을 확실하게 보여 준다. 특정한 화음은 우리 안에 있는 특정한 감정을 불러일으킨다. 슬픈 감정을 불러일으키는 선율과 화음이 있고, 즐거움을 표현하는 화음과 선율도 있다. 차이코프스키의 '비창'은 가슴을 슬픔으로 요동치게 한다. 요한 슈트라우스의 왈츠를 들으면 사랑하는 사람을 안고 춤추고 싶은 마음이 생겨난다. 우리 안의 감정과 우리 바깥의 음악이 서로 연결되어 있다. 우리는 음악에 그렇게 반응하도록 '되어' 있다.

요컨대 우리의 내부와 외부 세계는 깊은 연관성이 있다. 무엇이 우리 안의 감정과 우리 외부에 존재하는 소리를 연결하는가? 무엇이 우리 지성과 바깥의 우주를 이어 주는 것일까? 우리가 '보는' 세계와 우리가 '아는' 세계가 연결되어 있는 것은, 바로 인간 내부의 지성과 감정을 만든 이와 외부의 우주를 창조한 이가 동일하기 때문은 아닐까?

창조주의 얼굴

밤하늘에 촘촘히 박혀 반짝이는 별들과 눈 덮인 히말라야의 높은 봉우리, 거미줄에 맺힌 영롱한 아침 이슬, 바닷속을 떠다니는 투명한 해파리 떼, 파도를 따라 일렁이는 아름다운 산호초와 형형색색의 물고기들, 에메랄드빛 바다, 그리고 젖먹이 아기의 옹알이. 이 모든 것들이 우연히 우리 곁에 있게 되었을까? 이 세상에 존재하는 모든 것들에는 각각 이유와 목적이 있어 보인다.

창조주의 존재를 믿고 싶지 않다면, 그저 우연히 이 모든 것들이 생겨났다고 믿으면 된다. 그런데 그게 쉽지 않다. 우연이라 하기에는 자연이 너무나 아름답고 놀라우리만치 질서정연하지 않은가. 우주의 존재, 우주의 질서정연함과 미세조정, 우주와 인간 지성의 연결성은 창조주의 존재를 가리키는 강력한 단서가 될 수 있다고 나는 생각한다. 우리는 별빛 사이로 창조주의 얼굴을 엿볼 수 있다.

하지만 우리가 창조주의 얼굴을 흘긋 엿볼 수 있다 할지라도, 사실상 그가 누구이며 어떤 존재인지 알 길은 거의 없다. 그가 자신의 맨 얼굴을 드러내고 마음을 열어 자신을 보여 주지 않는다면 말이다. 자연의 질서와 아름다움을 통해 이 세계를 만든 이의 성격을 대략 짐작할 수 있을 뿐이다.

게다가 세상을 창조했다고 주장하는 신들은 세상의 종족 수만큼이나 많다. 그러니 어느 신이 진짜 창조주인지 어떻게 알겠는가? 그리스 신화에서는 카오스에서 분리된 닉스와 에레보스로부터 나온 알껍데기에서 하늘과 땅이 생겨난다. 북유럽의 창조 신화에서는 긴눙가가프라는 심연에서 피어오른 얼음이 녹아내려 이미르라는 거인이 탄생한다. 후에 거인족의 여인과 소금 덩어리에서 나온 남자 사이에 태어난 신들이 이미르를 죽여 그 몸으로 천지를 창조한다. 중국의 신화에서는, 알 모양의 우주 속에서 잉태되어 자라난 반고가 칠흑 같은 혼돈을 견딜 수 없어 도끼로 그 알을 깨고 하늘과 땅을 분리시킨다. 아프리카 풀라니족의 창조 신화에는 태초에 우유 방울이 있었는데 둔다리라는 신이 와서 돌과 공기, 물, 불 등의 물질 세계와 인간을 만든다.

이 수많은 창조 이야기들을 모두 살펴보고 진짜 창조주의 얼굴을 가려내기는 여간 힘든 일이 아닐 것이다. 나는 일단 이 책에서 기독교의 성경에 묘사된 창조주의 얼굴을 그려 볼 참이다. 사실 성경의 창조 이야기는 다른 창조 신화들과 여러 면에서 차이가 있는 독특한 이야기다. 그러면 그리스도인들이 믿는 창조주가 어떤 존재이고 그 창조에 숨겨진 의미가 무엇인지를 살펴보도록 하자.

기독교의 창조 이야기

성경의 창세기는 세계 창조에 대한 매우 중요하고 진기한 기록을 담고 있지만, 그것이 우리에게 말해 주지 않는 것이 있다. 창세기는 세상이 창조된 방식에 대해서는 말해 주지 않는다. 창세기를 기록한 목적은 창조주가 어떤 방식으로 세상을 창조했는지를 알려 주는 것이 아니다. 창세기는 과학 교과서가 아니고 오히려 문학에 가깝기 때문이다. 과학과 문학은 대상을 인식하고 설명하는 방식이 다르다. 예를 들어 '그날 밤, 나도 울고 달도 울었다'라는 문학적 표현을 두고, 달은 울지 않기 때문에 거짓된 표현이라 한다면 얼마나 황당한 일이겠는가?

창세기의 목적은 세상을 창조한 이가 누구인지를 알리려는 데 있다. 그가 세상과 인간을 창조한 목적과 계획이 무엇인지를 당대 사람들이 이해할 수 있도록 당대 글쓰기 양식을 빌려 기술한 것이다. 그러니까 창세기는 '하나님의 우주 창조 비법 10가지'를 기록한 책이 아니다. 창세기의 첫 장을 현대 과학의 기준으로 사실임을 입증할 수 있다는 일부 기독교계의 주장이나 그 내용이 과학적 사실과 거리가 멀기에 거부해야 한다는 일부 과학계의 주장은, 오페라를 원심분리기에 넣어 분석할 수 있다는 말과 다르지 않다. 우리가 성경의 창조 이야기에서 확인해야 할 것은 창조에 스며 있는 근원적 의미와 목적이다.

"하나님이 세상을 창조하셨다"

이는 성경의 가장 첫 문장이다. 이 진술에서 중요한 점 하나는, 하나님은 자연이 아니라는 사실이다. 대부분의 창조 신화를 살펴보면 자연은 신의 죽은 몸이거나 신에게서 나온 부산물이다. 더 나아가 자연은 신성 그 자체이거나 신성을 포함하는 그 무엇으로서 고대로부터 숭배의 대상이 되었다. 이와 대조적으로 창세기는 하나님이 자연을 창조했다고 단언함으로써 자연에는 신성이 없음을 분명히 한다. 즉 하나님과 자연은 별개의 실체이며, 자연은 숭배의 대상이 아니다.

이 문장에 내포된 또 다른 의미는, 하나님이 무에서 유를 창조하셨다는 것이다. 여기에는 우주가 영원한 것이 아니라 시작과 끝이 있다는 사실을 알려 주는 빅뱅 이론과 통하는 지점이 있다. 즉 어느 시점에서 시간과 공간, 물질이 출발했다는 것이다. 이 문장은 우주가 생성되기 전에 하나님이 이미 존재하셨으며, 인과율의 지배를 받는 자연 세계의 법칙을 초월한 세계가 본래 있었음을 주장한다. 원인이 있어야 결과가 있다는 인과율은 우리가 속한 자연 세계의 법칙이며, 그분은 인과율에 지배당하지 않는 궁극의 원인이다.[4] 따라서 하나님은 누가 만들었느냐는 질문을 던지는 것은 어리석은 일이다. 무엇인가가 다른 무엇을 만들고, 누군가가 다른 누구를 낳는 것은 우주의 법칙이지 우주를 초월해 있는 존재에는 적용될 수 없기 때문이다.

끝으로, 세상이 선하신 하나님에 의해 창조되었으므로 그것은 근본적으로 선하다. 세상은 하나님의 작품이다. 그분은 세상을 창조한 후 그것이 "보기에 좋다"는 말씀을 무려 일곱 번이나 하신다. 세상은 좋은 것이다. 이 세상의 실체를 설명하려는 수많은 시도들을 보면, 세상은 존재하지 않는 환상이거나 해탈에 실패한 영혼들의 감

---

[4] 테리 이글턴, 「신을 옹호하다」(모멘토), p. 20.

옥, 신이 꾸는 꿈, 심지어 신들의 배설물, 패한 신들의 토막 난 시체로까지 여겨지기도 한다. 하지만 창조의 하나님을 믿는 이들에게 이 세상에서의 삶은 혼돈도 형벌도 아니다. 삶은 하나님이 주신 놀라운 선물이다. 그리스도인들은 철저히 삶을 긍정하고 이 세계를 사랑하며 즐거워한다. 선하신 하나님이 놀라운 세상을 선물하셨으니, 안심하고 인생을 즐기라!

창조된 세계는 창조주를 드러낸다

전통적으로 그리스도인들은 우주 만물에서 그것을 창조한 이의 손길을 볼 수 있다고 믿어 왔다. 종교개혁가 칼뱅은 「기독교 강요」(크리스챤다이제스트)에서 이렇게 말했다. 하나님은 "우주의 구조 전체 속에 자기 자신을 드러내셨고 또한 날마다 자신을 기쁘게 드러내셨다." 그래서 사람은 "눈을 뜰 때마다 하나님을 바라보지 않을 수 없는 것이다." 즉 그리스도인들은 우주 만물의 질서와 아름다움을 통해 창조주 하나님을 발견한다. 끝 모를 광대함을 지닌 우주의 질서와 조화, 신비한 복잡성과 아름다움을 지닌 생태계 등을 보며 우리 인간은 광대하고 아름다운 본질을 지닌 창조주를 본다. 예술 작품을 통해 그 예술가가 어떠한 사람인지가 드러나듯이 우주 만물도 그 창

조주의 본성을 드러내고 있는 것이다.[5]

이런 신과 자연의 관계에 대한 기독교의 입장과 첨예하게 대립하는 것이 바로 신무신론자들의 입장이다. 도킨스와 히친스로 대표되는 전투적인 신무신론자들은 과학이 자연을 완전히 설명하게 된다면 신을 믿을 필요가 없다고 주장한다. 그들은 그리스도인들이 '틈새의 신'을 믿고 있다고 지적해 왔다. 이성적으로나 과학적으로 이해할 수 없는 일들이 신 때문에 발생한 일이라고 믿는다는 것이다. 틈새의 신이란 과학적으로 설명되지 않는 자연 현상들, 즉 과학이 풀지 못하는 '틈새'에 거주하며 사람들을 겁주고 얼러서 경배를 받는 신이다. 자연 법칙이 과학에 의해 모두 밝혀지고 있는 지금 신이 거주할 틈새가 사라지고 있으며, 모든 틈새로부터 신이 쫓겨나고 있다고 그들은 주장한다.

하지만 이것은 신앙뿐 아니라 과학조차도 오해한 것이라고 나는 생각한다. 과연, 과학은 하나님을 자연에서 몰아낼 수 있을까? 과학의 발전은 곧 신의 부재를 의미하는 것일까? 저명한 마르크스주의 문화이론가이자 그리스도인인 테리 이글턴은, 세상은 하나님과 독립되

---

[5] 물론 현재 세상은 상당 부분 그 조화가 깨어진 상태다. 그 상세한 내용은 이후 장에서 설명할 것이며, 여기서는 인간이 저지른 타락이 세계에 엄청난 악영향을 끼쳤고 그럼에도 자연은 여전히 창조주를 드러내고 있다는 점만 밝혀 둔다.

어 움직이는 자율성을 지녔으며 과학이 가능한 이유도 바로 이 자율성 덕분이라고 말한다. 그런 점에서 이글턴의 표현대로 과학은 무신론적이다. 즉 과학적 연구는 신 없이도 수행될 수 있다는 뜻이다. 하지만 이는 과학으로는 신을 알 수 없다는 뜻도 동시에 내포한다.

생각해 보라. 과학은 오직 인간의 오감으로 관찰 가능한 것만을 다룰 수 있을 뿐이다. 인간의 감각을 초월하는 것들은 아예 과학이 다룰 수 있는 범주를 벗어난다. 그런데 하나님은 자연을 초월해 있는 존재이며, 따라서 과학으로는 신의 존재도 신의 부재도 증명할 수 없다. 과학은 오로지 자연의 복잡성을 드러낼 수 있을 뿐이다. 과학이 온갖 자연 현상의 빗장을 다 열어젖히고 그 비밀을 폭로한다 하더라도 하나님의 존재는 부정되지 않는다. 렘브란트 그림의 물감 성분과 그 색감의 비밀이 다 밝혀진다고 해서 렘브란트가 사라지지 않는 것처럼 말이다.

한편, 새로운 무신론자들은 신앙이란 '이해할 수 없기 때문에 어쩔 수 없이 믿는 것'이라고 여긴다. 도킨스는 「이기적 유전자」(을유문화사)에서 신앙을 맹목적 신뢰, 즉 "입증하는 증거가 전혀 없는 상태에서 뭔가를 믿게 만드는 정신 상태"라고 말한다. 하지만 여러 학자들이 지적했듯 신앙과 이성의 관계는 결코 적대적이지 않다. 우선 과학 이론이 끊임없이 발전해 가고 있다는 사실을 보라. '발전'이라는 용어 자체가 함축하듯 과학적 법칙이라 알려진 것들은 곧 그 오류가 드러나게 되어 있다. 그럼에도 불구하고 과학자들은 그때까지 알려진 과학 법칙을 '믿어야만' 한다. 즉 새로운 무신론자가 경멸하는 '신앙'이라는 것을 그들 자신도 가질 수밖에 없는 것이다. 그런 점에서 신앙은 이성을 위한 디딤돌이 된다. 그래서 안셀무스는 "나는 이해하기 위해 믿는다"고 갈파하기도 했다.

새로운 무신론자의 주장과 달리, 그리스도인은 이해할 수 없기 때문이 아니라 그들이 이해한 바로 그 사실 때문에 믿는다. 그리스도인들이 창조주 하나님을 믿는 이유는 무지 때문이 아니라, 우주가 인간의 모든 지성으로도 결코 완벽히 이해할 수 없을 만큼 복잡하고 놀랍다는 사실을 '이해'하기 때문이다. 오히려 과학이 밝혀낸 자연 법칙의 놀라운 질서와 경이로운 아름다움은 그리스도인들로 하여금 창조주가 대체 어떤 분인지를 다시금 생각하게 만든다. 과학이 우주의 비밀을 벗겨 낼수록 그리스도인들은 창조주의 지혜에 놀라워하고 예술성에 경탄할 것이다. 과학이 밝혀낸 자연의 복잡성과 아름다움은 신을 통해 설명할 때 가장 잘 이해될 수 있다고 믿기에 창조주의 존재를 믿는 것이다.

창조에는 목적이 있다

이제 중요한 대목에 이르렀다. 하나님이 이토록 복잡하고 거대한 세상과 인류를 존재하게 했다면, 도대체 그 목적은 무엇이었을까? 이 세상은 도대체 '왜' 생겨났는가? 우리는 '왜' 사는가? 태곳적부터 사람들은 끊임없이 인생의 의미를 물었다. 그리고 수많은 사람들이 다양한 답을 제시해 왔지만, 여전히 그것은 해결되지 않는 물음표로 우리 가운데 남아 있다. 그런 상황에서 과연 기독교가 주장하는 창조는 오늘날의 불안한 영혼들에게 무엇을 말해 줄 수 있을까?

예배. 앞서 언급했듯, 하나님이 세상을 만든 후 가장 먼저 하신 것이 '좋다'는 선언이었다. 무려 일곱 번이나 말이다! 자신이 만든 세상을 보고 경탄하신 하나님은 우리도 그렇게 하기 원하신다. 즉 세상은 경탄을 위해 창조되었다. 어떤 이론으로 설명하지 않아도, 이 세상에 대한 인간의 원초적 반응이 경탄임을 우리는 경험적으로 안다. 아름다운 사람을 만나거나 언덕 위로 각양각색 꽃이 어우러져 바람에 흔들릴 때, 호수에서 철새들이 하늘을 향해 떼 지어 날아오를 때 우리는 환희와 감동으로 반응한다. 하늘과 땅을 가득 메운 모든 것이 경탄의 대상이다. 이것에 가장 능숙한 이들은 바로 아이들이다. 우리 집 막내는 문을 나서기만 하면 "아빠, 이리 와 봐!"를 연신 외쳐

댄다. "아빠, 이리 와 봐, 개미가 줄을 지어 가고 있어." "아빠, 거미가 집을 지었어…아빠, 이리 와 봐, 노란 꽃이 피었어. 아빠, 메뚜기야!" 우리는 창조주가 만든 모든 것에 놀라워하며 살도록 지어진 존재다.

기독교에서는 이와 같은 경탄의 의미로서 '예배'라는 용어를 사용한다. 예배를 뜻하는 영어 단어 worship은 worth-ship에서 온 것으로, 어떤 것의 가치(worth)를 합당하게 존중하는 것이다. 그래서 그리스도인들은 하나님을 예배한다. 참으로 하나님이 세상의 창조주이시고 그가 이 멋진 세계를 우리에게 주신 것이 옳다면 그에게 합당한 존경과 예의를 갖추어야 하지 않겠는가?

사실, 우리가 인식하든 못하든 모든 인간은 예배하는 존재다. 예배하지 않는 인간은 없다. 그것은 인간 본성의 일부이기 때문이다. 인간은 가장 소중히 여기는 것 즉 자신이 예배하는 것을 삶의 중심에 두고 그것에 따라 삶을 조직한다. 그리고 사람들이 예배하는 대상에는 하나님, 존경하는 인물, 돈, 술, 권력, 섹스 혹은 로맨스 등에 이르기까지 다양하다. 그런데 여기서 염두에 두어야 할 것이 바로 예배의 힘이다. 삶의 중심에 두어서는 안 되는 것을 중심에 두면 우리 삶은 필연적으로 파멸에 이르고 만다. 그래서 하나님은 하나님 외의 다른 피조물을 예배하지 못하도록 하셨다. 인생에서 가장 가치 있는 것이 중심에 있어야만 삶이 존속 가능하며 나머지 것들도 제자리에 조화롭게 위치할 수 있기 때문이다.

우리 인간에게 가장 적합한 것은 바로 하나님을 삶의 가장 중심에 두는 것, 하나님을 예배하는 것이다. 인간은 자신을 창조한 하나님을 바라보고 예배하는 삶을 살도록 창조되었다. 그래서 시편을 쓴 시인은 말했다. "소고 치며 춤추면서 주님을 찬양하고…숨 쉬는 사람마다 주님을 찬양하여라"(시편 150:4, 6).

관계. 그런데 하나님이 처음 창조하신 세상을 보고 무척 좋았다고 말씀하신 이유는 단지 그것이 아름다웠기 때문만은 아니었다. '좋다'는 뜻의 히브리어 단어 '토브'는 사실 관계적인 단어다. 그 세상이 '좋았던' 것은, 모든 것의 '관계'가 선하고 아름다웠다는 뜻이다. 태초의 세계는 하나님과 피조물의 관계, 피조물들 간의 관계, 특히 사람과 사람 사이의 관계가 선하고 아름다웠다. 즉 창조의 중요한 목적 중 하나는 선하고 아름다운 관계라 할 수 있다. 우리는 서로를 위해 태어난 것이다. 아담은 하와를 향해 이렇게 고백했다. "이는 내 뼈 중의 뼈요 살 중의 살이라!" 서로를 위해 태어난 존재로서의 인간이 타인을 자기 몸처럼 사랑하는 것이 어떤 것인지를 보여 주는 놀라운 고백이다.

또 하나님은 인간에게 이 세계를 지키는 의무를 주시고, 에덴 동산을 다스리고 지키게 하셨다. 인간은 그 좋은 세상을 평화롭고 정의롭고 선의가 넘치는 세상으로 가꾸어 나가는 임무를 받은 것이다. 하지만, 인간이 하나님의 뜻을 거역함으로써 선하고 아름다운 에덴의 평화는 지켜질 수 없었다. 하나님의 뜻은 타락 후에 인간에게 주신 율법을 통해 다시 알려지게 되는데, 예수님은 그 율법의 핵심이 바로 사랑이라고 말씀하셨다. 그리고 그 율법이 최종적으로 완성되기를 바라시는 하나님은, 우리가 서로를 사랑하며 타인에게 자기를 내주고, 정의와 평화가 중심이 되는 세상을 이루어 나가기를 바라신다. 그것이 우리가 이 세상에 태어난 목적이기 때문이다.

기쁨. 우리는 사랑하는 사람이 기뻐하는 모습을 보고 싶어 한다. 한 남자가 연인에게 예쁜 반지를 선물하는 이유는, 어떤 대가를 돌려받기 위해서가 아니라 연인의 기뻐하는 모습을 보고 싶기 때문이다. 사실 그녀의 기뻐하는 모습이 남자가 받는 가장 큰 대가다. 이와 마찬가지로, 하나님이 세상을 창조해서 인간에게 선물로 주신 것은 우리가 기뻐하는 모습을 보기 위해서였다.

　기독교의 핵심 교리를 정리한 웨스트민스터 요리문답 첫 번째 질문에 대한 답은 다음과 같다. "사람의 제일 되는 목적은 하나님께 영광을 돌리고, 영원토록 그를 즐거워하는 것이다." 인생의 가장 중요한 목적이 즐거워하는 것이라니! 믿기 힘들지만 그것이 바로 우리가 창조된 목적이다.

그러나 누구나 알듯이, 기쁨이라는 것이 얼마나 덧없는 감정인가. 우리 삶에는 기뻐할 일보다는 슬퍼할 일이 많다. 잠시 기뻤다가도 이내 현실의 풍파에 난파당한 배처럼 슬픔의 바다로 빠져 들어간다. 이처럼 기뻐하며 살기가 힘든 까닭을 알려면 웨스트민스터 요리문답을 다시 살펴보면 된다. 그 문장은 기쁨의 전제인 '하나님'을 먼저 우리에게 제시한다. 그러니까 기쁨은 결코 독립적으로 나타나지 않는다. 하나님을 인정하고 그분께 합당한 감사를 드리는 태도와 철저히 연결되어 있는 것이다. 즉 기쁨이란 하나님 그분의 존재와 이 세상이라는 선물에 대한 감사의 열매다.[6]

그러고 나서 다시 주변을 둘러보자. 그분이 아니었으면 생겨나지 않았을 수많은 생명들, 이곳에서 나와 우정을 맺으며 살아가는 수많은 이웃들. 이 모든 것을 보고 어찌 기쁘지 않을까! 정원에 비치는 햇살은 얼마나 눈부시며 나뭇가지에 달린 푸른 잎사귀는 얼마나

---

[6] 이 내용을 가장 탁월하게 설명하는 현대의 신학자는 존 파이퍼다. 「하나님을 즐거워하라」(IVP)를 참고하라.

가슴 시리게 하는지, 아이들의 천진난만한 웃음소리는 또 얼마나 놀라운 기적인지…. 세상은 우리의 기쁨을 위해 하나님이 선사하신 놀라운 선물이다.

2 인간을 클릭하다

우리가 살아가는 이 거대한 우주를 정직한 눈으로 살펴본다면, 도저히 지나치기 힘든 유의미한 질서와 아름다움이 있고, 그것이 창조주의 존재를 가리키는 단서가 될 수 있음을 보았을 것이다. 그런데 세상에는 그와 같은 불가해한 것이 또 하나 있다. 바로 우리 인간이다. 나는 이 장에서 인간 존재를 두 번째 단서로 제시할 것이다.

인간을 클릭할 때 열리는 창들을 가만히 들여다보면 정말 놀라운 것이 많다. 인간은 단순히 지구상에 우연히 떨어진 물질 덩어리, 육체에 불과한 존재가 아니라 정말 신비한 존재다. 연약한 육체 안에 고결한 정신이 있다. 먹을 것만으로는 인간의 굶주림을 채울 수 없다. 인간은 자신이 불완전하다는 사실을 항상 의식하며 완전을 추구한다. 그저 생존하는 것만으로는 만족할 수 없다. 그리고 항상

생의 의미를 묻는다. 답을 찾지 못할 것을 알면서도 말이다. 인간은 가장 의존적이면서도 가장 독립적이다. 숭고하면서도 또 그렇게 잔인할 수 없다. 인간은 본능에 따라 살지 않고 항상 본능을 넘어선다. 그리고 인간 영혼은 무엇인가에 대해 항상 목마르다.

내면에 새겨진 신의 형상

대학 시절 함께 동아리 활동을 했던 친구들이 오랜만에 자녀들을 데리고 함께 모였다. 몇 년 만에 보는 친구들은 일곱 살인 내 아들을 보면서 모두 한결같이 한마디씩 한다. "야! 말 안 해도 누구 아들인지 알겠다. 어쩜 이렇게 똑같이 생겼냐? 너랑 똑같다. 똑같아!" 우리 어머니는 아이가 삐치거나 우는 모습도 영락없는 내 어린 시절 모습이라고 하신다. 그런 말을 들을 때면 그렇지 않았노라고 강변해 보지만, 내가 봐도 외모와 성격, 내 장점, 단점까지 모두 닮았다. 한 팔을 턱에 괴고 새우등 모양을 하고 자는 모습까지 닮았으니, 내 항변은 별 소용이 없다.

내 아들이 나를 닮은 이유는 내 유전자를 받아서일 것이다. 성경에 의하면 아들이 아빠를 닮는 것처럼 우리가 하나님을 닮았다고 말한다. 하나님이 그분의 모습대로 우리를 지으셨기 때문이라는 것이다. 하나님이 자기 형상대로 남자와 여자를 창조하셨다(창세기 1:27). 만약 그렇다면 우리는 신의 형상을 닮아 그분처럼 독특하고 고귀한 존재일 것이다.

양심—인간만의 길

인간에게는 인간으로서 걸어야 하는 길이 있다. 전 세계 모든 인류의 내면에는 보편적인 도덕률이 내재해 있다. 어떤 문명이든 거지의 쪽박을 깨는 일은 잔인한 일이고, 바람을 피우는 일은 머리채를 다 쥐어뜯겨도 할 말이 없는 나쁜 짓이다. 무고한 살인을 축복하거나, 친구에 대한 배신을 찬양하는 사회는 없다. 세상의 모든 인간에게는 양심이 있다. 나쁜 일을 하려고 하면 우리를 멈칫하게 만드는 것이 바로 이 양심이다. 티머시 켈러는 이렇게 말했다.

> 인간에게는 '우리와 별도로 존재하는' 기준들이 있어서 그에 따라 자신과 타인의 삶을 평가한다. 개인이 어떻게 느끼든, 그 개인이 속한 공동체나 그 문화가 뭐라고 하든, 득이 되든 안 되든 어쨌거나 해서는 안 되는 일이 있다는 믿음이 우리 안에 있다. 이 양심은 무엇이 옳고 그른 일인지, 정의로운

일인지 불의한 일인지를 끊임없이 묻고 대답한다.[1]

그렇다면 여기서 양심이라고 부른 이것은 도대체 어디서 온 것일까? 두 가지 가능성을 생각해 볼 수 있다. 하나는 자연에서 왔을 가능성이고, 다른 하나는 외부의 인격적인 신이 인간에게 주었을 가능성이다. 양심의 기원은 자연일까, 신일까?

자연은 약육강식과 적자생존의 법칙이 지배하는 정글과 같은 곳이다. 약자에 대한 강자의 폭력이라는 원칙이 지배하는 세계다. 만약 우리가 그러한 정글에서 출현한 존재라면 폭력의 지배는 자연스러운 것이다. 정글에서 무슨 옳고 그른 일이 있겠는가? 모든 생물은 유전자의 생존을 위한 매개체에 불과하다고 주장하는 리처드 도킨스의 주장대로라면, 양심이니 도덕이니 하는 것들은 유전자 보존에 유리하기 때문에 선택된 것일 뿐 더 이상의 의미는 없다. 이런 자연 속에서는 강자가 약자를 약탈하고 힘센 남자가 힘없는 여자를 강간하고 빼앗는 것도 자연스러운 일이 아닌가? 이것이 자연의 본성이라면 그 본성을 어떻게 틀렸다고 말할 수 있는가? 폭력이 지배하는 이 세상은 아무런 문제가 없다. 폭력이 지배하는 이 세상이 틀렸다

---

[1] 티머시 켈러, 「살아있는 신」(베가북스), p. 216.

고 느끼는 우리가 문제일 뿐이다.

퓰리처상을 받은 작가 애니 딜라드는 이렇게 말했다.

사마귀만큼 나쁘게 행동하는 사람은 세상에 없다. 하지만 당신은 말할지도 모른다. 잠깐, 자연에는 옳고 그른 것이 없어, 옳고 그른 것은 인간이 가진 개념이야, 라고 말이다. 정확한 말이다. 그렇다면 우리는 도덕이 없는 세계에 놓인 도덕적인 존재다.[2]

이 사마귀란 놈들은 사랑을 나누는 동안 암컷이 수컷을 머리부터 씹어 먹는다. 만약 옳고 그름 따위는 존재하지 않는 정글 즉 자연에서 나온 존재라면, 인간은 왜 굳이 도덕을 생각하는가?

「나니아 연대기」(시공주니어) 작가이자 옥스퍼드의 존경받는 영문학 교수였던 C. S. 루이스는 열세 살 때 신이 없다고 믿게 되었다. 신이 있다면 이토록 악하고 부조리한 세상을 창조했을 리 없다는 쪽으로 생각이 기울었기 때문이다. 그리고 무신론자가 되었다. 그러나 그는 무신론을 끝까지 견지할 수 없음을 깨달았다. 그는 오히려 자신이 하나님을 반대한 그 이유 때문에 하나님을 인정하게 되었다. 우

---

2) 애니 딜라드, 「자연의 지혜」(민음사), p. 296.

리는 그 이유를 그의 유명한 책 「순전한 기독교」에서 읽을 수 있다.

> 하나님을 반대하는 저의 논거는 세상이 너무나 잔인하고 불의하다는 데 있었습니다. 그렇다면 저는 정의니 불의니 하는 개념을 어떻게 갖게 된 것일까요? 만일 인간에게 직선의 개념이 없다면 굽은 선이라는 개념도 없을 것입니다.[3]

우리가 처음부터 부조리하고 불의한 세상에서 나온 존재라면 이 세상을 악하다, 부조리하다, 돼먹지 못하다고 판단할 수 없을 것이라는 뜻이다. 잔인하고 불의한 세상을 악하다 판단할 수 있는 것은, 우리 안에 이미 정의와 선이라는 개념을 누군가가 심어 놓았기 때문이다. 애초에 정의와 선 같은 것들이 없었다면 우리는 이 세상이 악한 줄 몰랐을 것이다. 그러므로 오로지 약육강식의 질서만이 지배하는 정글 즉 자연은 양심의 기원이 되기에는 뭔가 많이 부족해 보인다.

그렇다면, 양심이 한 문화의 사람들이 오랜 세월을 거치면서 공유하게 된 가치관을 내면화한 것이라 생각할 수도 있겠다. 그런데 이 관점에 따르면 양심이 문화에 따라 달라야 한다. 그리고 한 문화

---

[3] C. S. 루이스, 「순전한 기독교」(홍성사), p. 73.

의 사람이 다른 문화의 옳고 그름을 따질 수 없다. 그렇다면 그들의 양심과 우리의 양심이 전혀 다른 종류의 것일까? 과연 그럴까?

많은 사람들이 그러한 예로 일부다처제를 든다. 문화적 상대주의 관점에서는 일부일처제를 따르는 이들은 일부다처제 문화를 비판할 수 없다. 그것은 그들의 문화이기 때문이다. 옳다. 그러나 깊이 들어가 보면 일부다처제 문화에서도 자기 아내가 아닌 다른 사람의 아내를 건드리면 혼난다. 그건 잘못된 일이다. 게다가 일부다처제는 전쟁이나 자원의 부족으로 생존이 어려운 여성들을 경제적으로 돕는다는 측면이 있으며, 오로지 성욕을 위해서 첩을 늘리는 행위는 비난받는다. 이 사실은 우리 양심의 보편적 특성을 말해 주지 않을까? 표면적으로는 달라 보이지만 내면화된 원리를 보자면 같다. 불륜은 그릇된 것이며, 가난한 자를 돕는 행위는 옳다.

우리는 보편적인 인간 양심에 비추어 문화를 판단한다. 문화적 상대주의자들도 아프리카의 잔인한 여성 할례에 대해서는 분노한다. 아이를 불에 던져 제물로 태워 죽인 사람들을 옳다 말하지 않는다. 아우슈비츠에서 유태인을 가스실로 보내 죽이고 인간을 실험용 생쥐처럼 취급한 나치에 대해서도 그들의 독특한 문화였다고 용인하지 않는다. 모든 인간의 양심은 그런 일들을 악하다고 판단한다.

즉 인간의 양심은 보편성을 가진다. 그렇다면 이 양심은 어디서 온 것일까? 선이 악을 이기기를 바라고 정의가 지배하는 세상을 꿈꾸는 우리의 본성은 양심의 기원에 관해 무엇을 말해 주는 것일까?

사랑—나는 그대가 필요하다

「사랑을 위한 과학」(사이언스북스)이라는 책에 이런 이야기가 나온다. 13세기 신성로마제국 황제이자 남부 이탈리아 왕 프레드릭은 인류의 태생적 언어가 무엇인지 알고 싶었다. 그래서 그는 아기들을 언어와 격리시켜 키워 보기로 했다. 유모들은 아기들에게 음식을 먹일 수는 있으나 소리 내거나 말을 걸지 않도록 명령을 받았다. 그래야 아기들이 말하게 될 원형의 언어가 무엇인지 알아낼 수 있을 테니까 말이다. 그러나 이 사건을 기록한 프란체스코 수도회 수도사 살팀벤드 파르마는, 아기들이 미처 말을 하기 전에 모두 죽어 버렸다고 기록하고 있다. 황제는 다음과 같은 결론을 내렸다고 한다. "아기들은 손을 꼭 쥐어 주고, 동작을 보여 주고, 즐거운 표정을 지어 주고, 얼러 주지 않으면 살지 못한다."

이 책에는 1940년대 정신분석학자인 르네 스피츠 박사의 이야기도 나온다. 그 역시 프레드릭 황제의 실험과 유사한 연구 결과를 발표했다. 그는 아기들을 전염성 세균 감염에서 보호하기 위해 최고의 장비와 위생 시설을 갖춘 보호 시설에 격리했다. 그러나 뜻밖에도 아기들은 시름시름 앓았고 체중이 감소할 뿐 아니라 다수가 사망했다. 당시 보호 시설 밖에서는 홍역으로 인한 사망률이 5퍼센트에 불과했으나 시설의 아기들은 40퍼센트가 사망한 것이다. 최고의 위생 시설과 장비들, 충분한 영양 공급에도 불구하고 아이들이 죽어 나간 것은 속삭여 주고 다독거려 주고 놀아 주는 등의 상호작용이 없었기 때문이었다.

타인과 접촉하지 않는 인간은 단순히 힘들게 사는 정도가 아니라, 죽는다. 실연당한 사람은 세상을 다 잃은 것보다 슬프고, 배신당한 사람의 마음에는 지울 수 없는 흉터가 남는다. 왕따를 당하는 아이들은 학교라는 공간에서 죽음과도 같은 외로움에 고통받는다. 우리는 사랑하고 싶고, 사랑받고 싶다. 누군가를 만지고 싶고 누군가의 접촉을 느끼고 싶다. 안고 싶고 안기고 싶다.

물론, 그토록 사랑받기 원하면서도 병든 수치심 때문에 그렇게 하지 못하는 경우도 있다. 누군가와 연결되기를 갈망하면서도 있는 모습 그대로의 자기를 보여 주지 못하고 뒷걸음질 친다. 내면 깊은 곳에 숨어 있는 내 모습을 보고는 질겁하고 도망갈까 두렵다. 그러면서도 우리는 필사적으로 서로에게 연결되려고 한다. 내 민낯을 보여 주고 싶고, 있는 모습 그대로의 그의 얼굴을 바라보고 싶다. 누군가에게 꼭 필요한 사람이었으면 좋겠고 그가 나의 마음을 알아주면 좋겠다. 힘들 때 누군가 내 곁에 있어 주었으면 좋겠고, 울고 싶을 때는 손수건을 내밀며 함께 울어 주는 사람이 있었으면 좋겠다. 사랑받으며, 사랑하며 살고 싶다.

왜 인간은 그토록 사랑을 갈망하는 걸까? 우리를 만든 이의 형상이 우리의 본성 속에 새겨져 있기 때문은 아닐까? 우리를 만든 이가 사랑이기 때문은 아닐까?

의미—"그리고 우리는 어디로 가는 거지?"

사람은 밥을 먹어야 살지만, 밥으로만 살 수는 없다. 사람은 의미를 먹고 살며, 자신의 삶이 의미 있는 것이기를 바란다. 이처럼 의미 추구는 인간에게 본질적이다.

아우슈비츠 수용소 생존자인 빅터 프랭클은 지옥 같은 수용소에서의 삶을 관찰하고 기록하는 가운데, 모든 인간이 의미를 추구한다는 사실을 발견했다. "의미를 찾고자 하는 마음은 그 사람의 삶에서 근본적으로 우러나오는 것이지, 본능적인 욕구를 이차적으로 합리화시키기 위해 생기는 것이 아니다." 인간은 교육이나 사회화를 통해 의미를 추구하는 존재가 된 것이 아니라 본래 그렇게 태어났다는 것이다. 즉 인간은 그 자신의 이상과 가치를 위해 살고, 심지어 그것을 위해 죽을 수도 있는 존재다. 오로지 생존만이 유일한 가치처럼 보이는 죽음의 수용소에서도 인간은 의미를 갈망한다. 매일 죽음에 이를 정도로 고통스럽게 반복되는 과업을 처리하면서도 그 일이 자신과 공동체에 어떤 의미가 있는지를 끊임없이 질문한다. 그리고 살아야 할 이유, 삶의 의미를 두고 고뇌한다.

동물들은 주어진 본능에 따라 산다. 우리가 키우는 금붕어나 강아지는 삶의 의미와 목적을 묻지 않고, 본능에 따라 정해진 한계 속에서 살아간다. 개는 소가 될 수 없고, 개구리는 왕자가 될 수 없다. 그러나 인간은 다르다. 인간은 무엇을 위해 사느냐에 따라 개가 될 수도 있고 성자가 될 수도 있다. 인간은 삶의 의미를 묻는다. 왜 살아야 하는지 끊임없이 질문한다. 그리고 답이 없을 때, 인간은 죽는다. '내가 올바른 선택을 하고 있는 걸까?' '무엇이 올바른 길일까?' '나는 제대로 살고 있는 걸까?' '잘못된 삶을 살아온 것은 아닐까?'

죽음의 수용소에 비할 바는 못 되지만 우리 힘겨운 일상도 그와 같은 질문으로 가득 차 있다. 많은 현대인들이 자기 인생이 허무하다고 느끼는 듯하다. 열심히 살아왔지만 그게 무엇을 위한 것이었나 생각하며 공허감에 빠지기도 한다. 우리는 의미를 찾는 존재인 반면 그것을 찾기는 좀처럼 쉽지 않기 때문이다. 그것을 찾지 못하는 한, 열심히 추구해 온 부와 권력, 지위, 지식, 우정 등 모든 것이 하찮고도 허무한 것이 되고 만다.

「꽃들에게 희망을」(소담)은, 알에서 깨어나 삶의 의미를 찾아 나서는 줄무늬 애벌레 이야기다. 애벌레는 자신이 태어난 나뭇잎을 열심히 갉아 먹다가 문득 생각에 잠긴다. "삶에는 그냥 먹고 자라는 것보다 더 나은 생활이 분명 있을 거야." 그리고 그것을 찾아 나선다. 하루는 자기 앞에서 열심히 어디론가 기어가는 애벌레들을 발견하고는 따라나서는데 멀리서 하늘 높이 솟은 기둥이 하나 보였다. 그리고 이내 그것이 '꿈틀거리고 서로 밀어 대는 한 무더기 애벌레들'이라는 것을 알게 된다. 줄무늬 애벌레는 거기서 더 나은 어떤 것을 발견하리라는 희망을 품고 그 애벌레 기둥을 기어오른다.

사방으로부터 떠밀리고 채이고 밟혔습니다. 밟고 기어오르느냐 밟히느냐 그것뿐이었습니다.…줄무늬 애벌레는 기어 올라섰습니다. 이젠 아무도 줄무늬의 친구가 될 수 없었습니다. 그들은 단지 그가 기어오르는 것을 방해하고 위협하는 장애물일 뿐이며 다만 그들을 기회로 이용할 따름이었습니다.

간신히 자기 자리를 지키고 있던 어느 날, 내부에서 불안한 마음에 시달리던 애벌레는 이런 질문을 던진다.

"꼭대기엔 무엇이 있는 걸까? 그리고 우리는 어디로 가는 거지?"[4]

삶의 의미를 갈망했지만 어느새 그것을 잃고 만 연약한 줄무늬 애벌레는 바로 우리의 모습이다. 우리는 더 나은 의미와 목적을 찾고 있다. 인생을 걸 만큼 충분히 가치 있고, 자신을 자신답게 하며, 사라져 버릴 허무한 것이 아니라 영원히 지속될 그런 의미를 찾고 있다. 그런데 그 의미를 발견하기가 쉽지 않다. '그것을 위하여 살 수도 있고 죽을 수도 있는' 삶의 목적을, 영원히 지속되며 무한한 가치가 있는 그것을 도대체 어디에서 발견할 수 있단 말인가?

그리스도인은 자기를 창조하신 창조주의 부름에 응답하는 것이 궁극적인 존재 이유이며 고상한 목적이라고 믿는다. 신의 형상을 닮은 우리이기에, 당연히 그 신에게 다가가고 교류하며 그의 뜻대로

---

[4] 트리나 포올로스, 「꽃들에게 희망을」(소담) 2장 중에서.

사는 것이 존재를 규정하는 근원적 의미가 되는 것이다. 어쩌면 그리스도인이야말로 세상이 제공하는 그 어떤 거대 담론도, 그 어떤 종류의 욕망 충족도, 어떤 소유에서도 인간이 궁극적으로 만족하지 못한다는 사실을 깊이 인정하고 있는 이들일지도 모르겠다. 어쨌든 인간이 세상에서 경험하는 그 어떤 것에서도 궁극적 의미를 발견하지 못한다는 사실은, 우리 밖의 어떤 존재를 강력하게 암시하는 중요한 단서가 될 수 있지 않을까?

채워지지 않는 영혼의 갈망

매력적인 배우 조니 뎁이 주연한 영화 "캐리비안의 해적"에 나오는 해적선의 선원들은 좀비다. 살았으나 이미 죽은 존재들이다. 좀비 선장이 여자 주인공에게 이런 질문을 던진다. "너는 먹어도 배부르지 않고 마셔도 취하지 않는 자의 고통을 아느냐?" 그가 우걱우걱 씹어 삼켰던 사과는 그대로 바닥으로 후두둑 떨어진다.

만족이 없는 갈망. 갈증은 있지만 그 갈증을 해갈시켜 줄 무엇이 없다. 사실 그 좀비 선장의 모습은 바로 우리의 모습이다. 행복하기 위해 뱃속에 이것저것 우겨넣어 보지만 그 깊은 갈망은 채워지지 않는다. 우리는 오아시스 없는 사막에서 길을 잃은 존재, 천지가 물바다지만 먹을 물이 없는 망망대해에서 난파당한 존재와 같다.

물론 인간의 욕구를 채울 수 있는 다양한 것들이 있다. 음식으로 식욕을 채우고, 물로 갈증을 채운다. 성욕은 배우자를 통해 만족시킬 수 있다. 그런데 이상하게도, 아무리 그런 욕구들을 채우더라도 끝내 채워지지 않는 갈망이 있다. 많은 이들이 이런 경험을 해 보았을 것이다. 마치 영혼 깊은 곳에 결코 채워지지 않을 깊은 구멍이 있는 것 같다. 이 구멍의 이름을 무엇이라 불러야 할까? 공허, 소외, 무의미, 혹은 허무감이라 해야 할까? 우리는 본능적으로 이 구멍을 채우기 위해 많은 것을 시도한다. 좋은 것을 가짐으로써, 쾌락에 탐닉함으로써, 사랑에 집착함으로써 텅 빈 구멍을 어떻게든 채워 보려고 안간힘을 쓴다.

이것만 가지면 행복해질 거야

그때 다섯 살이던 딸아이는 뭔가를 가지고 싶으면 끝도 없이 욕심을 내곤 했다. 집 안에 필통이 열 개쯤 있던 적도 있었다. 딸아이가 새 신이 신고 싶어졌다. 딸애를 낳으면 플레어 원피스에 빨강 구두를 신기고 싶었건만 아이는 부득불 푸른 바탕에 로봇이 그려진 운동화를 골랐다. 새 신을 신고 걸으며 불빛이 번쩍일 때마다 내 손을 잡은 아이가 나를 올려다보며 묻는다. "아빠, 예쁘지?"

신을 고르느라 한참을 돌아다닌 탓에, 배가 고파 식당에 들어갔다. 밥을 시켜 놓고 기다리는데 두 발을 올렸다 내렸다 하며 새 신을 바라보는 표정이 영 시무룩하다. "왜" 하고 묻자 이렇게 답한다. "근데 아빠, 신발을 샀는데도 별로 기분이 안 좋아…." 막상 신을 사고 보니 별로 마음에 안 들었던 모양이다. 어쩌면 피곤해서였는지도 모른다. 어쨌든 딸아이가 내뱉은 그 말은 내게 많은 생각을 안겨주었고, 무엇보다 소유가 인간에게 주는 기쁨이 매우 찰나적인 것이라는 사실을 그 작은 아이를 통해 새삼 깨달을 수 있었다. 우리 마음속 깊은 구멍은 결코 무언가를 소유하는 것 정도로는 메울 수 없다. 그런데도 많은 사람들이 좋은 것을 가지면, 그리고 더 많이 가지면 그 구멍이 채워질 거라 믿는다. 그래서 열심히 돈을 벌고 소비하지만 그 기쁨은 언제나 잠시뿐이다. 신기하게도, 채워 넣을수록 그 구멍도 계속 커지기만 한다.

인간이 이런 착각에 빠지는 이유 중 하나는 우리가 살아가는 소비주의 사회가 이런 태도를 계속 부추기기 때문이다. 이 사회에서는 돈이 많은 사람이 동경의 대상이다. 돈이 많으면 원하는 물건을 많이 살 수 있기 때문이다. 소비주의 사회에서는 원하는 물건을 구매할 수 있는 사람이 행복한 사람이다. 그래서 우리는 악착같이 돈을 벌려고 한다. 소비는 곧 행복이기 때문이다. 소비주의 제국의 꽃인 텔레비전 광고는 이와 같은 구호를 쉴 새 없이 떠들어 댄다. "이 아파트를 사세요. 행복해집니다." "이 차를 타면 존경을 받습니다." "이 커피를 마시면 당신은 격조 있는 사람이 됩니다."

우리는 이 모든 것이 거짓말임을 안다. 소비주의적인 행복은 우리를 채워 줄 수 없다. 그것이 약속하는 기쁨, 사랑, 친밀함, 안식과 같은 것들은 결코 물질로 이룰 수 없기 때문이다. 자가용 비행기를 타고 다니는 저 할리우드의 유명 배우들을 보라. 대저택과 멋진 비치, 수십 대의 스포츠카를 소유하면서도 이혼을 밥 먹듯 하고 약물 중독에 빠지고 상담 치료를 받으러 다니는 걸 보면, 멋진 스포츠카로는 빈 마음을 채울 수 없음이 분명해 보인다.

쾌락 속에서 공허를 잊다

어떤 사람들은 쾌락을 추구함으로써 공허로부터의 탈출을 시도한다. 그러나 쾌락이라는 것은 결코 만족을 주지 않는 골룸의 절대반지와 같다. 외로워 술을 마시지만 결국은 술에 중독되고, 연쇄적인 쾌락의 고리 안에서 길을 잃고 인생을 탕진한다. 절대반지가 우리를 지배한다. 욕망이 우리를 삼킨다.

물론 쾌락 자체는 인생의 본질을 구성하는 매우 중요한 삶의 조건이다. 문제는 인간이 흔히 추구하는 쾌락이 근원적 갈망을 채워주기에는 보잘것없이 작다는 것이다. 낮은 수준의 쾌락으로는 공허를 잊을 수는 있어도 공허를 채우기에는 역부족이다. 녹슨 시소와 미끄럼틀밖에 없는 놀이터가 최고인 줄 알던 네 살짜리 아들은 디즈니랜드에서 제대로 놀려면 한 달이 걸린다는 이야기가 거짓말이라 생각했다. 돈이라고는 백 원짜리 동전밖에 몰라서 할아버지가 만 원짜리 지폐를 주자 바닥에 던져 버리고는 "종이 말고 돈 줘요!" 했던 내 아들처럼, 우리 역시 더 큰 쾌락이 있는줄 알지 못한 채 형편없는 쾌락에 집착하고 있는 건 아닐까. C. S. 루이스는 이렇게 말했다.

하나님이 우리에게 약속하신 보상에 비하면 우리의 욕망이 너무 강하기는커녕 너무 약하다. 우리는 무한한 기쁨을 준다고 해도 술과 섹스와 야망에만 집착하는 냉담한 피조물들이다. 마치 바닷가에서 휴일을 보내자고 말해도 그게 무슨 뜻인지 상상하지 못해서 그저 빈민가 한 구석에서 진흙 파이나

만들며 놀고 싶어 하는 철없는 아이와 같다. 우리는 너무 쉽게 만족한다.[5]

우리는 중독자들을 통해, 쾌락이 인간 안에서 어떻게 왜곡되는지를 들여다볼 수 있다. 중독에는 일 중독, 섹스 중독, 음란물 중독, 알코올 중독, 사랑 중독, 관계 중독, 쇼핑 중독, 음식 중독 등 수많은 종류가 있지만, 결국 그들이 진심으로 원하는 것은 사람과 나누는 친밀함이라고 한다. 하지만 중독자들은 타인과 따뜻한 관계를 맺기 위해 노력하는 대신 쉽게 쾌감을 얻는 쪽을 선택함으로써 자신의 건강한 욕망을 마비시키고 만다.

사실 인간에게는 자신이 사랑받을 만한 존재임을 굳이 증명하지 않아도 되는, 어쩌면 이 세상의 것이 아닌 무한한 사랑이 필요하다. 낯선 이들과의 섹스를 찾아 길거리를 헤매는 이들이나 강박적인 자위행위가 주는 쾌감으로 고통을 덧칠하려 하는 이들이 진정으로 원하는 것은, 무한한 사랑과 용납 그리고 누군가와 하나가 되는 경험이다.

이처럼 우리 안에는 세상의 그 어떤 쾌락으로도 만족시킬 수 없는 갈망이 있다. 그리고 우리가 이런 쾌락을 강렬히 욕망한다는 사실 자체가 어쩌면 우리가 진정으로 욕망해야 할, 우리에게 진정한

---

5) C. S. 루이스, 「영광의 무게」(홍성사), p. 12.

기쁨을 주시는 하나님이 계신다는 사실을 가리키는지도 모를 일이다. 우리 안의 이토록 깊은 갈망은, C. S. 루이스가 잘 묘사했듯이 하나님과 함께 누렸던 낙원에서의 기쁨에 대한 그리움(이것에 대해서는 다음 장에서 더 길게 나누도록 하자), 혹은 하나님이 주실 낙원에 대한 굶주림일 것이라는 얘기다.

진흙 파이는 이제 그만. 푸른 파도가 넘실거리는 저 해변으로 떠나자.

사랑이 전부다

사랑 없이도 살 수 있을 것 같은 도도한 킬 힐의 저 여자도, 늦은 밤 화장대 앞에서 눈썹을 지우며 흘러나오는 사랑 노래에 눈물짓는다. 사랑 따위는 필요 없어 보이는 커다란 오토바이를 탄 가죽 점퍼의 터프한 그 남자도, 어느 이름 모를 술집에서 잔을 기울이며 외로움을 달랠 것이다.

사람은 사랑이 필요하다. 아니, 사실은 그 이상이다. 우리는 사랑 없이는 살 수 없는 존재다. 그런데 문제는 이 세상에서 경험하는 사랑으로는 비어 있는 마음을 흡족하게 채우지 못한다는 것이다.

어린 시절 우리는 부모님의 사랑으로 충분한 줄 알았다. 세상의 모든 사랑스런 딸들은 아마도 아빠와 이런 약속을 한 적이 있을 것이다. "난 시집 안 갈 거야. 아빠랑 살 거야." 초등학교에 들어가기 전 이야기다. 그때마다 아빠들은 이렇게 물었을 것이다. "정말, 아빠하고 살 거지?" 그러면 딸은 아빠와 새끼손가락을 걸고 엄지도장을 찍곤 했을 것이다. 그러나 딸아이가 초등학교 6학년만 되어도 반응은 달라진다. "우리 딸, 시집 안 가고 아빠랑 살 거지?" 그렇다고 대꾸는 하지만 진심이 느껴지지는 않는다. 그렇게 아빠와 결혼하겠다는 수많은 딸들이 낯선 남자를 따라 시집을 갔다. 엄마 아빠의 사랑만으로는 딸아이의 마음을 다 채울 수 없었나 보다. 부모의 사랑보다 더 큰 사랑이 세상 어디에 있을까? 그런데 우리는 그 큰 사랑으로도 자신을 다 채울 수 없었다.

자녀들이 더 이상 엄마, 아빠를 필요로 하지 않을 때가 온다. 조금 자라서 친구들이 생기면 아이들은 더 이상 부모를 찾지 않는다. 나는 고등학교 때 친한 친구들과 중창단을 만들었다. 거의 매일 모여 먹고 노래하고 기도하고 전국을 여행했다. 방송국에서 주최하는 경연대회에도 나갔다. 입상하지 못했지만 텔레비전에 우리가 나왔다는 것만으로도 신이 났었다. 남자아이 여덟 명이서 기타를 치며 멋진 화음을 만들고 있노라면 세상에 부러울 것이 없었다. 친구가 전부인 줄 알았다.

그런데, 독자들도 예상하겠지만, 친구만으로는 채워지지 않는 마음의 구멍이 있더라. 사춘기에 접어든 나는 누군가를 그리워하기 시작했다. 누군가를 사랑하고 싶었다. 꿈속의 그녀가 나타나 내 마음의 빈 공간을 채워 주기를 간절히 기대했다. 대학에 가면 불타는 사랑을 하리라 마음먹었다. 마침내 대학생이 된 나는 로맨스를 찾아 헤맸고, 고등학교 때 교회에서 같이 임원을 했던 여자아이에게 내 불타는 마음이 화살처럼 날아가 꽂혔다. 그녀가 아니었어도 내 마음의 불꽃은 아무에게나 옮겨붙을 수 있을 만큼 강렬했다. 그만큼 외롭다는 뜻이었을 것이다. 그때의 마음으로는 그녀가 내 모든 공허를 채워 줄 수 있을 것 같았다. 그러나 그 사랑이라는 것이 외로움의 다른 이름일 줄이야!

대부분 그렇게 결혼을 한다. 이 사람이라면 나의 빈자리를 채워 줄 수 있을 것이라 믿고 결혼한다. 그러나 결혼해 본 사람들은 안다. 결코 다 채워지지 않는다. 의심스럽다면 결혼한 사람들에게 물어보라. 아니, 자신의 부모에게 물어보라. 결혼해도 여전히 마음에는 빈 공간이 남는다. 채워진 공간보다 채워지지 않는 공간이 더 크다.

사랑에 빠져 있다고 느끼는 순간만큼 짜릿하고 행복한 순간도 없다. 그래서 어떤 사람들은 끊임없이 로맨스를 찾아다닌다. 그러나 수도 없이 짝을 바꾸어도 만족하지 못할 것이다. 왜냐하면 우리가 갈망하는 것은 무한한 사랑이기 때문이다. 외모나 조건이나 능력 따위로 저울질하지 않고 오직 존재 자체로 사랑해 줄 그런 사랑을 원한다. 그리고 그것이 영원히 지속되길 원한다. 우리의 갈증은 오직 그런 사랑을 받을 때만 채워질 수 있다. 그런데 이 세상에는 그런 무한의 사랑이 없다. 갈증은 있지만 해갈시켜 줄 생수가 없다.

생수의 강

가수 한대수는 오래전부터 이렇게 노래했다. "물 좀 주소. 물 좀 주소. 목 마르요. 물 좀 주소.…"

우리는 목마르다. 그런데 이 세상에 있는 그 무엇으로도 우리의 목마름을 완전하게 해갈할 수 없는 것을 보면 우리가 갈망하는 대상은 이 세상의 것이 아님이 분명하다. 우리 안에 있는 이 부인할 수 없는 갈망은 도대체 무엇으로 채워질까? 영원한 사랑에 대한 갈망, 지극히 아름다운 것에 대한 갈망, 온 세상의 비밀을 알려줄 무한한 지혜에 대한 갈망, 완전히 정의롭고 평화로운 세상에 대한 갈망.

이와 같은 무한의 갈망을 무엇이 채울 수 있을까?

열네 살에 사생아를 낳고 마니교라는 신비주의 종교에도 몰입해 보았지만 결코 안식을 누릴 수 없었던, 그러나 후에는 성자라고 불리게 된 아우구스티누스는 이렇게 말했다.

"내가 주의 날개 아래 쉬기까지는 쉼이 없었습니다."

목마름을 채워 줄 대상을 수없이 찾아다니다 결국 하나님 안에서 궁극적 사랑을 발견한 한 남자의 고백이다. 성경은 우리가 이토록 갈망하면서도 원하는 것을 얻지 못하는 이유를 이렇게 설명한다. "참으로 나의 백성이 두 가지 악을 저질렀다. 하나는 생수의 근원인 나를 버린 것이고, 또 하나는 전혀 물이 고이지 않는 물이 새는 웅덩이를 파서 그것을 샘으로 삼은 것이다"(예레미야 2:13).

생수의 근원을 버렸으니 목마른 것은 당연하다. 하나님을 버리고 터진 웅덩이를 팠으니 도무지 채워지지 않는다. 그래서 우리의 갈망은 벤츠로도, 화끈한 로맨스로도, 세상의 지식이나 명예, 권력으로도 채워지지 않는가 보다. 원하는 것을 가졌음에도 여전히 허전하지 않던가? 사랑하는 이와 함께 있어도 외롭지 않던가? 술이 깨면 공허함이 두통과 함께 또다시 찾아오지 않던가?

****

이처럼 인간은 어떤 상식이나 과학으로 단순하게 설명할 수 없는 복잡한 존재다. 스스로를 인간으로 규정하는 양심, 누군가와 관계 맺고자 하는 갈망, 의미에 대한 추구, 그리고 끊임없이 무엇인가를 갈망하는 들끓는 영혼. 이 모든 것은 인간이 스스로 완결된 존재가 아니며, 우리 바깥의 우리보다 훨씬 큰 무언가가 필요한 존재이며, 필연적으로 그것과 연결되어야 하는 존재임을 보여 준다. 그 무언가란 과연 무엇이겠는가?

3 낙원의 파편

"우리가 사는 이 세상에는 어떤 문제들이 있어?"

가르치는 중학생들에게 물었다. 아이들은 저마다의 대답을 쏟아 냈다. "전쟁이요. 사람들이 서로 막 죽여요" "빈부 격차가 너무 심해 요. 잘사는 사람은 너무 잘살고 못사는 사람은 너무 못살아요" "환 경 파괴요. 지구 온난화로 북극의 곰들이 살 수가 없대요" 등등의 대답이 나왔다. "그럼, 이 문제들의 원인은 뭐라고 생각해?" 대다수 아이들이 비슷한 대답을 했다. "사람들이 욕심이 너무 많아요."

그렇다. 사람들은 욕심이 너무 많다. 국가 간의 전쟁도 알고 보 면 한 국가나 기업 혹은 개인이 욕심을 부리기 때문에 벌어지는 경 우가 대부분이다. 대의명분으로 치장하지만 모든 전쟁의 배후에는 돈에 대한 욕심이 있다. 빈곤의 문제도 그렇지 않은가? 그만 가져도 될 만한 사람들이 나누어 주기보다 더 많이 가지려 하기 때문에 문제가 생긴다. 환경이 파괴되는 이유 또한 더 설명해서 무엇 하겠는가? 탐욕 때문이다.

앞서 살펴보았듯이 욕망 자체가 악한 것은 아니다. 우리 인간은 행복을 향한 정당한 욕망을 가지고 태어난 존재니까. 그런데 우리의 욕망은 어쩌다 이렇게 심각한 수준으로 고장 나 버린 것일까?

✳✳✳✳

「반지의 제왕」에 나오는 골룸은 원래 스미골이라는 이름을 가진 남자였다. 그는 우연히 시냇물 속에서 반짝이는 반지 하나를 발견하고, 자기 몸이 보이지 않게 해주는 능력이 있는 반지임을 알게 된다. 다른 사람이 나를 볼 수 없다면 나는 무엇이든 할 수 있다! 그 반지는 골룸에게 '내 보물'이 된다. 그는 반지를 소유하기 위해 절친한 친구를 살해하고, 사람들을 떠나 아무도 찾을 수 없는 음침한 계곡에서 산짐승처럼 변해 가는 신세가 된다. 몰골은 흉측하게, 본성은 야수처럼 변해 간다. 점점 자신이 누구였는지를 망각하고 급기야 자기 이름도 기억나지 않는다. 그래서 기침 소리('골룸')가 그의 이름이 된다. 절대반지를 소유했지만 정작 절대반지가 그를 소유하고 만다.

우리는 행복하려고 돈을 욕망하지만 오히려 돈 때문에 살아가고 있는 것은 아닐까? 가끔씩 골룸처럼 스스로에게 묻고 있지는 않나? '나는 누구였을까? 나는 무엇이 되어야 했을까? 내 진짜 이름은 무엇이었을까?'라고 말이다. 인간의 진짜 문제는 욕망 자체가 아니라 한계를 모르고 욕심을 부리는 것이다. 인간의 탐욕은 끝을 모른다. 하지만 동물들은 그렇지 않다. 사자는 생존에 필요한 것만을 사냥한다. 사자들이 영양을 대량 학살했다는 이야기를 들어 본 적이 있는가? 그러나 인간은 인간을 향해 그렇게 한다.

욕망을 신으로 삼은 인간은 탐욕의 노예로 전락하고, 더 나아가 자기 중심적인 욕망을 위해 타인을 억압하고 이용하고 착취하며 조종한다. 그리고 그 탐욕들이 서로 격하게 충돌함으로써 세상은 혼돈과 고통 속으로 빠져들어 간다. 르네 지라르는 그의 책 「희생양」(민음사)에서 이렇게 말했다. "사람들은 자신의 지옥을 스스로 판다. 그러고는 서로 기대어 여기 떨어지고 만다."

기쁨의 동산

모든 것이 본래 이렇지는 않았을 것이다. 성경에 의하면 태초의 세계는 기쁨으로 가득 차 있었다고 한다. 하나님이 남자와 여자를 위해 만드신 동산의 이름은 '에덴'이었다. 에덴은 '기쁨'이라는 뜻이다. 그러니까 하나님은 인간이 기뻐하며 살도록 창조하셨다. 많은 사람들이 기독교와 금욕주의를 연관시키지만 사실은 그 반대다. C. S. 루이스의 「스크루테이프의 편지」(홍성사)를 보면 악마가 하나님을 향해 '쾌락주의자'라고 빈정거리는 장면이 있다. 악마가 보기에 하나님은 쾌락을 선물로 주시고 사람들이 즐거워할 때 기뻐하시는 이해할 수 없는 존재다. 이처럼 쾌락은 하나님이 인간에게 주신 선물인 것이다. 하나님은 자신이 창조한 피조물이 환희와 기쁨을 누리며 살기를 원하신다. G. K. 체스터턴이 「정통」(상상북스)에서 표현한 대로, 그는 "우리가 쾌락할 때 함께 쾌락하신다."

한편 C. S. 루이스는 하나님이 우리에게 주고자 했던 기쁨의 성격을 이렇게 설명한다.

> 하나님이 가장 고등한 피조물에게 주고자 하시는 행복은 사랑과 즐거움의 절정에서 자유로우면서도 자발적으로 하나님과 연합하며 이웃과 연합하는 데서 생겨나는 행복으로서, 거기에 비하면 지상에서 남녀가 나누는 가장 황홀한 사랑조차 물 탄 우유처럼 싱거울 것입니다.[1]

---

1) C. S. 루이스, 「순전한 기독교」(홍성사), p. 88.

그의 주장대로라면, 에덴이 기쁨의 낙원일 수 있었던 것은 하나님 안에서 인간이 서로 연합되어 있었기 때문이다. 그곳에는 나와 너의 완전한 하나됨이 있었다. 아담과 하와는 서로를 자기 몸인 것처럼 사랑했다. 거기에는 차별도, 억압도, 착취도, 거짓도 없는 오직 한 몸인 두 사람이 있었다. 에덴이 낙원이었던 것은 먹을 것과 입을 것이 풍족했기 때문이 아니라, 바로 사랑 때문이다.

아담은 하나님이 주신 신부를 향해 고백한다. "이는 내 뼈 중의 뼈요, 살 중의 살이라." 요즘 말로 하면 "내 안에 너 있다"는 사랑 고백이다. 이 고백은 '당신이 아플 때 내가 아픈 것처럼 아프고, 당신이 웃을 때 당신의 기쁨이 내 것이 되어 함께 웃을 것이며, 당신의 꿈이 나의 꿈이 될 것입니다. 당신과 나는, 우리는 완전한 하나입니다'라는 뜻이다. 성경이 말하는 태초의 인간 사회 에덴은 그런 방식으로 낙원이었다. 사람과 사람 사이의 평화, 하나님과 사람 사이의 연합, 그리고 사람과 피조물 사이의 완전한 조화 즉 '샬롬'이 있는 곳이었다.

부서진 낙원

그런데 그만, 이 낙원이 부서지고 말았다. 사랑의 관계가 깨져 버렸다. 기쁨은 산산조각 나 파편이 되었고 차가운 고통이 기쁨의 동산을 엄습했다. 도대체 무슨 일이 일어난 것일까?

모든 것은 '선악과 사건'에서 시작된다. 하나님이 에덴 동산에 선악과를 두신 이유는 인간이 스스로를 피조물로 인식하고 그분의 뜻에 순종하며 살도록 하기 위해서였다. 선악과를 먹지 않는 것은 그분의 뜻에 대한 순종의 중요한 시금석이었던 것이다. 그러나 태초의 인간들은 하나님의 뜻에 순종하며 살아가는 피조물이 되기보다 스스로 하나님이 되기로 결정했다. 그리고 그 결단의 표시로 선악과를 베어 문다. 하나님과의 이혼 서류에 '쾅' 하고 도장을 찍은 것이다. 하나님 대신 자아를 숭배하겠다는 결단이다. 그리고 성경은 바로 이 자아 숭배를 죄라고 부른다.

나무가 대지로부터 뿌리 뽑히면 쓰러져 썩을 수밖에 없는 것처럼, 하나님이라는 대지로부터 스스로 뿌리를 뽑아 버린 인간은 썩어 가기 시작했다. 우리가 하나님을 거부하고 하나님의 사랑을 받아야 할 존재임을 거부할 때, 대지에서 뿌리 뽑힌 나무 신세가 된다.

뿌리가 뽑힌 나무는 말라 죽는다. 물을 떠난 물고기는 아가미를 벌떡이지만 결국엔 죽음에 이른다.

문제는 그것에서 그치지 않는다. 세상 전체가 인간의 이기심과 탐욕으로 더러워졌다. 하나님을 떠난 우리가 만든 세상은 미움과 증오, 상처, 반목, 편견, 소외, 억압, 착취, 보복과 살인으로 얼룩졌다. 그야말로 적나라한 실낙원의 모습이다. 성경은 이 세상이 실낙원으로 변해 버린 진짜 이유가 인간이 하나님을 떠났기 때문이라고 말한다. G. K. 체스터턴은 이렇게 말했다.

> 그분으로서는 완벽한 희곡을 계획했으나 필연적으로 그 연극을 인간 배우들과 무대 매니저들에게 맡길 수밖에 없었는데, 이들이 그 후에 그것을 엉망진창으로 만들어 버린 것이다.[2]

그렇게 하나님의 지배에서 벗어난 인간은 진정 자유로워졌을까? 결코 아니다. 인간 안에 들어온 죄가 이내 그를 지배하게 되었으니까. 우리가 하나님 안에 있을 때 욕망은 하나님의 지배를 받는다. 욕망이 제 위치에 있는 것이다. 그러나 하나님을 버리고 자아 숭배에

---

[2] G. K. 체스터턴, 「정통」(상상북스), p. 163.

빠진 우리는 하나님 대신 하나님이 된 욕망의 지배를 받는다. 성자라 불리는 바울은 이렇게 고백했다.

> 나는 내 속에, 곧 내 육신 속에 선한 것이 깃들여 있지 않다는 것을 압니다. 나는 선을 행하려는 의지는 있으나, 그것을 실행하지는 않으니 말입니다. 나는 내가 원하는 선한 일은 하지 않고, 도리어 원하지 않는 악한 일을 합니다.…아, 나는 비참한 사람입니다. 누가 이 죽음의 몸에서 나를 건져 주겠습니까? (로마서 7:18, 19, 24)

성경은 죄가 우리의 마음과 몸을 지배하고 있다고 말한다. 적지 않은 이들이 내게 반문했다. "난 당신이 믿는 기독교의 가르침 중 모든 사람이 죄인이라는 사실을 받아들일 수가 없어요. 왜 나보고 죄인이라는 거죠? 신이 존재한다는 사실도 믿을 수 있겠고, 예수를 따르는 삶도 좋아요. 하지만 대체 왜 내가 죄인이라는 거지요? 남에게 해코지한 일도 없고 나름 양심껏 살아온 나인데 말이죠." 많은 이들이 자신이 죄인이라는 사실을 인정하기 힘들어한다. 당신도 그렇게 생각한다면, 한번 물어 보자.

미워하는 게 쉽던가, 용서하는 것이 쉽던가?

섹시한 옷차림의 젊은 여자를 보고 음란한 마음을 품는 데 어마어마한 노력을 기울여야 하는 남자는 손 한 번 들어 보라. 예쁜 여자를 만나면 질투심을 느끼는 데 엄청난 에너지가 필요한 여자도 손 한 번 들어 보라.

사람을 사랑하는 것이 자연스럽게 되던가? 그렇다고 말하는 이는 결혼을 해 보면 안다. 그리고 기왕이면 아이들도 많이 낳아 보라. 그러면 한 사람을 사랑하는 것이 얼마나 힘든 일인지 알 수 있을 것이다.

사람들이 얼마나 험담을 많이 하는지 알고 싶은가? 회식 자리에서 잠시 자리를 비워 보라.

죄를 짓기는 습관처럼 쉽다. 그러나 사랑하는 일은 왜 그리도 많은 수고와 노력이 필요할까? 선이 무엇인지 안다. 그러나 행동하지는 않는다. 아프리카에서 굶주리는 아이들을 보며 우는 건 쉽다. 그러나 지갑을 열어 후원하는 데는 많은 고민이 따른다. 그나마도 안 하는 사람들이 대부분이다. 우리는 불의를 저지르는 사람을 보며 분노한다. 그러면서도 정작 우리가 그 상황에 놓이면 그들과 똑같이 된다.

솔직히 말하면 나는 날마다 나를 지배하는 죄의 세력에 경악한다. 나는 하루하루 내 마음의 전쟁터에서 그것을 경험한다. 그래서 나는 자신이 죄인이 아니라는 사람이 그저 신기하기만 할 뿐이다.

한편, 우리 안에 있는 이 죄악들이 모여 체제를 만든다. 라인홀드 니버는 그의 명저 「도덕적 인간과 비도덕적 사회」(문예출판사)에서, 개인은 선한 선택을 할 수 있으나 그 개인이 속한 집단은 결코 그렇게 할 수 없음을 역설했다. 각 개인의 이기심이 모여 구조화된 집단이 어떤 이익을 추구하면, 그 앞에서 개인의 양심이란 무력화되기 십상이다.

이처럼 세상 전체가 죄의 지배 아래 있다. 르완다에서의 대학살, 보스니아의 인종청소, 불의한 정부에 투표하는 것을 막는다는 어설픈 명분으로 어린 소녀들의 두 팔을 자르는 아프리카 반군 소년들, 무력한 아이를 죽음으로 몰아넣는 집단의 폭력, 친구를 성매매하고 돈을 갈취하는 청소년, 보험금을 타 내기 위해 아내를 죽이는 남편, 회식 술자리에서 어김없이 등장하는 험담과 비방….

이런 일들을 행하는 이들은 악마가 아니다. 그들은 우리와 별반 다를 바 없는 사람들이다. 대학살, 인종청소, 폭력과 갈취는 이미 우리 안에 있다. 그것들은 모두 우리 마음에서 흘러나오는 것들이다. 죄는 우리의 마음에서 시작되어 우리가 맺는 모든 관계와 우리가 사는 온 세상을 오염시키고 있다. 죄가 왕 노릇을 한다. 어떤 이들은 말한다. 하나님이 계시다면 세상이 이렇게 악할 수 있냐고. 내 생각은 좀 다르다. 오히려 내 눈에는 세상이 더 나빠지지 않는 것이 기적처럼 보일 때가 많다. 세상은 깨어져 있고 사람들은 고통받고 있다. 바로 죄 때문이다.

낙원의 파편

세상이 온통 죄에 물들고 그로 인해 사람들은 깊은 고통에 빠져 있다. 그런데 이것이 이야기의 끝이 아니다. 놀랍게도 우리는 온갖 폭력과 고통의 아수라장 속에서 '기쁨'이라는 것을 발견한다. 이 얼마나 놀라운 일인가? 죄에 사로잡힌 인간들이 만들어 내는 비극적인 세상, 고통으로 말미암은 신음 소리가 가득한 세상이다. 고통의 수레바퀴 속에서 끝없이 고통스러워하며 생을 이어 가야 할 운명, 그것이 우리 인류의 논리적 결론 아닐까. 그런데, 그 안에 존재하는 기쁨이라니? 이 얼마나 불가사의한 아이러니인가?

어째서 이 세상에는 기쁨이 존재하는 것일까? 생로병사의 고통으로 가득한 세상이지만 이상하게도 그 안에는 우리를 기쁘게 하는 것들 또한 넘쳐난다. 자녀를 낳는 일에 굳이 성적인 쾌락이 필요한 것은 아니다. 번식이 목적이라면 아메바처럼 자가 분열을 일으켜 번식할 수도 있었을 테니 말이다. 먹는 일에는 왜 즐거움이 따를까? 한여름 밤 시냇가에서 건져 올린 수박의 빨간 속살이 단순한 갈증 해소 이상의 큰 즐거움을 안겨주었던 행복한 경험이 다들 있지 않은가? 새끼 강아지들이 함께 장난치는 모습은 왜 그토록 앙증맞을까? 어린 딸아이의 입가에 묻은 아이스크림 자국은 왜 우리를 행복하게 할까? 아카시아 향기는 왜 그렇게 달콤하며, 갓 볶아 내린 커피의 신선한 향기는 또 어떤가? 사랑하는 사람의 목소리와 향기는 왜 우리를 들뜨게 하는가? 세상은 왜 우리로 하여금 쾌락을 느끼게 하는가?

섹스는 흥미롭고, 먹는 일은 즐겁고, 세상은 아름답다.

만약 이 세상이 약육강식과 적자생존의 법칙으로만 작동하는 기계적인 세계라면 쾌락의 존재는 자연스러운 것이 아니다. 그것은 몹시도 부자연스럽다. 영화 "프리데터" 시리즈를 보면, 오로지 사냥을 위해 진화되고 정복을 위해서만 문명을 발전시킨 외계 종족들이 나온다. 그놈들의 눈은 이 세계의 아름다움을 볼 수 없다. 그들의 눈은 오직 사냥감을 쫓는 데만 유용할 뿐이다. 그들의 가치는 오로지 누가 더 강한 존재인가에 따라 결정된다. 그것이 생존에 더 유리하니까 말이다. 기쁨이나 쾌락 따위는, 오로지 적자생존 법칙이 지배하는 세계에서 튀어나온 돌연변이 괴물이다.

하지만 우리는 자연스럽게, 붉은 노을을 바라볼 때마다 마치 낯선 것을 바라보듯 매혹된다. 푸른 하늘을 향해 굽이쳐 뻗은 웅장한 산맥과 산 허리춤에 걸린 구름 띠를 보며 가슴 터질 듯한 감동을 받는다. 에메랄드빛 바닷속에서 헤엄치는 생물들은 우리를 경이감으로 들뜨게 한다. 이 모든 것들이 새롭고 놀랍고 신기하다. 세상이 우리에게 쾌락을 선사한다.

의외일지 모르겠지만, 나는 이 기쁨을 창조주의 얼굴을 언뜻 보여 주는 세 번째 단서로 제시한다. 그리스도인들은 이 세상이 이토록 아름답고, 맛있고, 흥미진진한 것은 결코 우연일 수 없다고 믿는다. 기뻐하는 능력을 자연법칙이 지배하는 세상에서 어쩌다 튀어나온 돌연변이라 믿기는 아무래도 좀 힘들 것 같다. 이 세상이 법칙에 의해서만 작동하는 거대한 기계라면 그 거대한 기계의 일부분인 인간도 기계적인 존재일 것이다. 그리고 기계는 결코 기쁨을 느끼지 못한다. 하지만 모두가 경험하듯 기쁨은 우리 인간 안에 존재하는 가장 궁극적이며 원초적인 감정이다. 우리가 기쁨이라는 감정을 가진 것은, 그것이 우리를 창조하신 이가 주신 본성이기 때문일지도 모른다. 우리는 애초부터 기뻐하며 살도록 의도된 존재라는 말이다.

이토록 부서진 세상에서 놀랍게도 여전히 기쁨이 반짝이고 있는 이유는, 이 세상이 난파당한 보물선의 잔해들이 널려 있는 해변과 같기 때문이다. 금화, 은촛대, 그리고 각종 보석들이 머나먼 이국땅에서 실려 와 이 세상이라는 해변에 널브러졌다. 인간의 죄 때문에 낙원은 깨어지고 사람들은 고통에 빠지게 되었지만, 필립 얀시의 말처럼 이 세상은 '부서진 낙원이 남긴 기쁨의 파편들을 발견할 수 있는 곳'이다. 그리고 우리는 난파선에서 흘러나와 해변에 널브러진 잔해 속에서 보물들을 발견하고 기뻐하는 난파당한 배의 선원들이다. 비록 이 세상이 사람들의 이기심과 탐욕으로 인해 난파당한 채 고통으로 얼룩져 있기는 하지만, 우리는 바로 이곳에서 반짝이는 기쁨의 파편들을 발견할 수 있다.

즉 쾌락은 깨어진 낙원의 파편이다. 우리가 이 세상에서 발견하게 되는 기쁨의 파편들은 하나님이 창조했지만 파괴되어 버린 낙원으로부터 떠내려온 것이다. 깨어진 낙원의 조각들이 시간을 가로질러 지금 여기까지 도달한 것이다. 만약 이것이 사실이라면, 파선한 보물선에서 해변으로 밀려나온 파편들이 우리를 이 정도로 기쁘게 하는데 하물며 태초에 인간들이 누렸던 낙원은 어떠했을까? 그리고 장차 그분이 약속한 천국은 또 어떤 모습일지 상상이나 하겠는가? 내게는 파선한 해변에서 반짝이는 기쁨의 파편들이 기쁨의 근원이신 하나님께로 돌아오라는 눈짓으로 보인다. 잔해 속에서 발견하는 파편들에 만족하지 말고 기쁨의 원형인 천국을 발견하라고 신호를 보내며 반짝인다. 우리가 정열적으로 기뻐하며 살도록 하려고 이 모든 것을 우리에게 주신 자애로운 그를 한 번 찾아보라고 말이다.

만약 하나님이 인간에게 그 낙원을 선물하신 분이라면, 그는 우리에게 기쁨을 선사하려는 의지를 지닌 선한 분일 것이다. 어쩌면 고통이 가득한 세상에서도 함박웃음을 터뜨릴 수 있는 이유가 그에게 있는 것은 아닐까? 자신 안에 없는 것을 피조물에게 줄 수는 없다. 우리에게 기뻐할 수 있는 능력이 있고, 우리를 기쁘게 하는 것들이 이 세상에 존재한다면, 그것을 우리에게 주신 이의 이름은 분명 '기쁨'일 것이다. 어쩌면 그가 우리의 진짜 이름이 무엇이었는지 알고 계실지도 모르겠다.

2부
그가 일어나 이곳에 오셨다

4 폐허에서 들리는 노래

터키의 유명한 휴양지 쿠샤다스는 에게 해를 가슴에 품은 새들의 섬이다. 이곳을 처음 방문했을 때의 감동을 나는 아직도 잊을 수 없다. 처음 호텔 객실에 들어서서 커튼을 걷어 올렸을 때 마침 에게 해의 태양이 수평선 너머로 뉘엿뉘엿 가라앉고 있었다. 붉게 타는 노을, 바람에 흔들리는 야자수, 잘 정돈된 잔디밭 너머로 보이는 투명한 물빛의 수영장, 게다가 터키는 세계의 3대 요리 천국이 아닌가. 세 끼의 뷔페 식사가 모두 무료였으니 탐식가인 내게 낙원이 따로 없었다.

나는 그곳 호텔에 머물며 낙원을 최대한 만끽하리라 마음먹었다. 단잠을 자고 아침에 내려간 식당에는 생전 처음 보는 요리들이 나를 유혹했다. 산더미처럼 담아 배 터지게 먹고는 쌀로 만든 푸딩으로 입가심을 했다. 원두를 갈아 직접 끓인 터키식 커피를 한잔 받아들고 설탕을 듬뿍 넣어, 에게 해의 바닷바람을 맞으며 누리는 이 호사라니. 이야말로 내가 늘 꿈꾸어 온 일이 아니던가! 조식을 마친 나는 수영장으로 달려갔다. 그리고 점심을 뷔페로 먹고, 또 수영을 하고…또 저녁을 뷔페로 먹었다. 이틀을 그렇게 보냈다.

그런데 갑자기, 먹는 데 정신이 팔려 차마 인식하지 못했던 사실 하나가 떠올랐다. 내가 혼자라는 사실이었다. 서로의 어깨에 기대어 이 아름다운 석양을 함께 바라볼 수 있는 아내도 없고, 그 맑은 수영장에서 함께 놀아주면 틀림없이 행복해 할 아이들이 없고, 그 맛있는 쌀 푸딩의 맛을 함께 느끼고 경탄해 마지않을 내 친구들도 없으니, 나는 외로워서 죽을 지경이었다. 3일째 되는 날, 저녁 식사 시간에 나 홀로 그 산해진미를 우걱우걱 집어 삼키는데 외로워서 눈물이 다 났다. 나는 거기서 낙원이 어떻게 지옥으로 변할 수 있는지를 깨달았다.

에게 해의 아름다운 석양과 세계 3대 요리 천국의 뷔페, 야자나무 그늘 아래 수정같이 맑은 물로 채워진 수영장이 있는 그 환상적인 공간이, 일순간 끔찍한 곳으로 변해 버릴 수 있다니. 나는 이 모든 것들이 영원히 제공되는 곳에서 혼자 있게 되는 상상을 하며, 바로 그런 곳이 지옥일 것이라고 생각했다.

죽음의 지배

신학자 스탠리 그렌츠는 성경이 말하는 죽음의 의미를 '공동체의 상실'이라고 해석했다. 죽음이란 사랑하는 관계의 상실이라는 것이다. 성경적 의미에서 죽음이란 단절, 즉 관계가 끊어지는 것이다. 죽음이 두려운 이유는 사랑하는 사람들과 영원히 단절되기 때문일 것이다. 죽음은 더 이상 사랑하는 사람을 볼 수도 만질 수도 없게 한다. 죽으면 더 이상 그 누구와도 사랑을 나눌 수 없다. 죽음으로 우리는 영원히 고립된다. 그래서 우리는 죽음이 무섭다.

그런 의미에서 죽음은 장례식장이나 공동묘지에서만 볼 수 있는 것이 아니다. 죽음이 관계의 상실이고 단절이라면, 가슴 아픈 죽음은 우리가 사는 세상 모든 곳에서 발견할 수 있다. 내가 아는 이들 중에는 이혼 직전에 놓인 부모님 사이에서 고통받는 친구들도 많았고, 어린 시절 가까운 사람에게 성폭행을 당하고 후유증을 앓는 여자 친구들도 있었다. 또 개중에는 밥을 잘 먹지 않는다고 의자에 묶여 두들겨 맞았던 대학생도 있었고, 심지어는 친모의 손에 이끌려 초등학교에도 가지 못하고 지하도 같은 곳에서 앵벌이를 강요당한 이도 있었다. 이뿐이 아니다.

이혼 법정에 선, 한때 서로를 뜨겁게 사랑했으나 증오만 남은 부부.

부모에게 버림받은 아이들, 학대당하는 자녀들.

찾아오지 않는 자식들을 기다리는 버림받은 노인들.

친구들에게 왕따 당하는 아이들, 세상으로부터 버림받은 노숙인과 부랑자들.

세계 도처에서 벌어지고 있는 내전과 학살.

부패한 권력자들에게 세뇌당해 정글용 장검으로 부모를 죽이는 아프리카의 어린 전사들.

날아드는 총탄에 죽은 아들을 끌어안고 절규하는 아버지.

슬럼가에서 방황하는 어두운 얼굴들.

인종차별과 불평등, 다국적 기업의 횡포…

우리는 분열과 증오가 있는 모든 곳에서 성경이 말하는 죽음을 볼 수 있다. 심지어 이 죽음, 타인과 나를 분리하고 소외시키는 이 죽음은 내 안에도 있다. "가시나무"라는 노래는 이런 단절에 대한 절절한 아픔을 표현한다.

내 속엔 내가 너무도 많아 당신의 쉴 곳 없네.

내 속엔 헛된 바람들로 당신의 편할 곳 없네.

내 속엔 내가 어쩔 수 없는 어둠 당신의 쉴 자리를 뺏고

내 속엔 내가 이길 수 없는 슬픔 무성한 가시나무 숲 같네.

바람만 불면 그 메마른 가지 서로 부대끼며 울어 대고,

쉴 곳을 찾아 지쳐 날아온 어린 새들도 가시에 찔려 날아가고,

바람만 불면 외롭고 또 괴로워 슬픈 노래를 부르던 날이 많았는데,

내 속엔 내가 너무도 많아서 당신의 쉴 곳 없네.

죽음이 나를, 사망이 온 세상을 지배하고 있다.

깨어진 세상

우리가 사는 세상은 어떻게 이런 흉측한 모습이 되었을까? 창세기 1-11장은 인류 최초의 역사를 기록한 원역사로 알려져 있다. 그런데 그중 어떤 이야기들은 다른 지역의 문헌들과 유사성을 가지고 있다. 창세기 1-11장의 중심 주제들이 지구상 다른 민족들의 초기 역사에도 나타나는 것을 보면, 모든 인간 역사가 공통된 무엇인가를 가지고 있는 셈이다. 특히 창세기에 나타난 인류의 이야기는 세상이 어떻게 낙원으로부터 미끄러져 폭력이 지배하는 아수라장으로 변해

버렸는지를 생생히 기록한다.

앞 장에서 살펴보았듯이 하나님이 처음 창조하신 세상은 낙원이었다. 처음 세상이 낙원일 수 있었던 것은 하나님의 뜻이 완전히 실현되고 작동하는 세계였기 때문이다. 인간을 향한 하나님의 뜻은 사랑이다. 이것은 수백 가지의 율법을 한마디로 요약하신 예수의 계명에도 잘 드러나 있다. "네 하나님을 사랑하고, 네 이웃을 네 몸과 같이 사랑하라." 인간은 절대 타자이신 하나님의 뜻에 철저히 순종했다. 즉 하나님과 완전한 사랑을 나누었고 타인을 자기 몸처럼 깊이 사랑했다.

사람은 사랑할 때 행복하다. 엄마가 아기에게 젖을 물리며 행복을 느낀다. 그 아기를 자기 목숨보다 사랑하기 때문이다. 남자가 가장 행복할 때는, 사랑하는 여자를 위해 저 하늘의 별을 따려고 하늘로 기어 올라갈 만큼 그녀를 사랑할 때다. 이런 사랑이 에덴 동산에서는 절로 흘러넘치고 있었다. 낙원이란, 무엇보다 하나님과 인간 그리고 피조물들의 사랑으로 엮인 공동체를 말한다.

그러던 어느 날, 사탄이 뱀의 모습을 하고 인간을 찾아왔다. 혹자는 뱀이 갈라진 혀를 날름거리며 무슨 말이나 할 수 있었을까 의문을 갖지만 소통은 꼭 인간의 언어로만 가능한 것은 아니지 않은가? 요즘도 병든 동물들과 교감을 하면서 치료해 주는 사람들이 있다. 어쨌거나 사탄의 유혹은, 하나님이 금지하신 금단의 열매를 따 먹고 하나님과 같이 되라는 것이었다. 그들을 유혹한 것은 '그 열매'가 아니었다. 그 열매를 맛보고 싶다거나 허기를 채우고 싶은 것이 아니었다. 그들은 하나님처럼 되고 싶었다. 아니, 하나님이 되고 싶었다.

하나님이 된다는 것은 무슨 뜻인가? 온 우주의 왕이신 하나님을 그 보좌에서 몰아내고 대신 하나님 자리를 꿰차고 앉아서 온 우주의 주인 행세를 하고 싶다는 것이다. 온 세상이 자기를 중심으로 돌아가게 만들고 싶다는 뜻이다. 그리스 신화의 나르시스처럼 하나님이 아닌 자기를 숭배하고 찬양하며, 자기 욕망이 이끄는 대로 살며, 하나님과 상관없이 자기 생각으로 온 세상을 움직이고 싶다는 뜻이다.

도스토옙스키는 「카라마조프 가의 형제들」(민음사)에서 하나님이 없으면 모든 것이 허용된다고 했다. 나를 제어하는 존재가 없으니, 어떤 행동인들 문제가 되겠는가. 열렬한 무신론의 선교사인 도킨스는 버스에 이런 광고를 했다고 한다. "아마도 신은 없을 것이니, 걱정 말고 인생을 즐겨라!" 신을 제거하면 인간은 더 행복해질 수 있을까? 신을 몰아낸 사회에서 인간은 과연 인생을 즐길 수 있었는가? 역사는 정반대의 사실을 우리에게 알려 준다. 우리는 무신론 사회였던 스탈린 치하의 러시아가 얼마나 인간을 비참하게 취급했는지를 알고 있다. 공적 영역과 사상적 영역에서 신을 완전히 몰아내 버린 현대 세계에서도, 신 노릇을 하는 억압적 체제로 많은 이들이 고통받고 있지 않은가?

문제는 인간이 하나님을 제거하는 순간 자유로워지는커녕 자기나 타인의 탐욕 혹은 체제의 탐욕에 지배당할 수밖에 없다는 것이다. 누가 옳고 그름의 기준을 만들 것인가? 누가 사람의 살고 죽을 권리를 정하겠는가? 지식인들인가? 정치가들인가? 기업인가? 연예인들인가? 개인들인가? 하나님을 제거하고 나면 누군가가 하나님 노릇을 하게 된다. 그리고 그 누구도 선하고 정의롭지 못하기에 그와 같은 지배는 응당 고통을 생산한다.

창세기에 나타난 인류의 원역사는 이 사실을 적나라하게 보여 준다. 창세기 4장에는 아담과 하와가 낳은 형제인 가인과 아벨 이야기가 나온다. 가인은 농사를 지었고 아벨은 양을 치는 사람이었다. 어느 날 가인과 아벨이 하나님께 제사를 드렸는데 하나님이 동생 아벨의 제사는 받으시고 가인의 제사는 받지 않으셨다. 가인의 분노는 극에 달했고, 결국 아벨을 들판으로 불러내 때려죽이고 만다.

하나님이 가인의 제사를 받을 수 없었던 것은 그의 삶이 악했기 때문이다. 세상에 사람을, 그것도 동생을 때려죽일 수 있는 사람이 몇이나 될까? 그것은 가인의 내면이 악으로 가득 차 있었음을 말해 준다. 우리의 '삶' 자체가 제사라고 생각하시는 하나님은 악으로 가득 찬 가인의 삶을 제사로 받을 수 없었던 것이다. 또한 그가 아벨을 죽인 것은 단지 질투심 때문이 아니라, 하나님을 죽이고 싶었기 때문이다. 그는 '감히' 자신의 삶과 제사를 거부한 하나님을 없애 버리고 싶었다. 하나님을 죽일 수 없었기에 하나님께 인정을 받는 동생 아벨을 죽인 것이다.

가인은 하나님께 이렇게 물었어야 했다. "하나님, 나의 죄가 무엇입니까? 저는 어떻게 달라져야 합니까?"라고 말이다. 그러나 그는 묻지 않았다. 대신 스스로 하나님이 되었다. 하나님을 떠나 자기중심적이 된 인간, 자아에 중독된 가인은 오히려 하나님을 향해 틀렸다고 손가락을 치켜세우고 삿대질을 해 댄다. 그러고는 하나님께 사랑받는 동생 아벨을 '살 가치가 없는 인간'이라 심판하고는 때리고 죽였다.

정말, 하나님을 거부한 채 스스로 하나님이 되면 모든 것이 가능해진다.

이제 하나님을 떠난 인간 공동체를 폭력이 지배한다. 아벨을 죽인 가인은 사람들이 자신을 심판하고 죽일까 봐 두려웠다. 그래서 자기 아들의 이름을 따 '에녹'이라는 성을 쌓고 그 안에서 안전하게 살고자 한다. 그러나 그 성은 결코 안전하지 못했다. 그 성에는 아다와 씰라라는 두 여자를 아내로 삼은 라멕이라는 남자가 있었다. '아다'는 장신구라는 뜻이고, '씰라'는 그림자라는 뜻이다. '살 중의 살, 뼈 중의 뼈'였던 존재가 노리개와 종으로 전락한다. 여자에 대한 남자의 전형적 폭력이다.

게다가 그의 자랑질은 엽기적이기까지 하다. 라멕이 자기 아내들에게 말한다. "아다와 씰라는 내 말을 들어라. 라멕의 아내들은, 내가 말할 때에 귀를 기울여라. 나에게 상처를 입힌 남자를 내가 죽였다. 나를 상하게 한 젊은 남자를 내가 죽였다"(창세기 4:23). 그는 자신에게 상처 입혔다는 이유만으로 사람을 죽였다. 하나님을 떠난 인간은 점점 더 난폭해져 갔다. 하나님은 사람들이 저지르는 범죄를 보고 한탄하신다.

> 하나님이 보시니, 세상이 썩었고, 무법천지가 되어 있었다. 하나님이 땅을 보시니, 썩어 있었다. 살과 피를 지니고 땅 위에서 사는 모든 사람들의 삶이 속속들이 썩어 있었다. (창세기 6:11-12)

> 주님께서는, 사람의 죄악이 세상에 가득 차고, 마음에 생각하는 모든 계획이 언제나 악한 것뿐임을 보시고서, 땅 위에 사람 지으셨음을 후회하시며 마음 아파하셨다. (창세기 6:5-6)

하나님은 인간이 망가뜨리고 있는 세상을 보고 상처입고 고통받으셨으며, 심지어 사람을 창조한 것을 후회하셨다. 하나님이 아름답게 창조하신 세계가 인간의 폭력과 죄악으로 파괴되었다. 하나님이 자기 형상대로 창조하신 사람이 그가 주신 자유의지로 세상을 파괴하고 있었다. 정의가 무너졌고 폭력이 성을 지배했다. 바로 이것이 하나님을 버리고 스스로 왕좌에 오른 인간이 만든 세상의 모습이다. 세상은 선하게 창조되었고 인간은 서로를 위한 존재로 창조되었지만, 우리가 그것을 망가뜨렸다.

제국의 탄생

이와 같이 성경은 하나님을 떠난 인간 문명이 폭력으로 급속하게 물드는 것을 보여 준다. 그리고 하나님은 세상에 넘치는 극악무도한 죄악을 보고 사람 만든 것을 한탄하시고, 정의로운 노아의 가족을 제외한 전 인류를 홍수로 심판하신다. 이 홍수 심판 설화는 고대의 창조 설화들 안에서 공통으로 발견할 수 있다. 신이 인간의 폭력과 타락에 진노해 홍수로 심판했다는 이야기는 북미 인디언의 토판 기록에서부터 중국 누와의 설화, 수메르의 길가메쉬 서사시에 이르기까지 전 세계에 걸쳐 발견된다. 고대의 인류가 홍수에 대한 공통의 기억을 가지고 있었고, 그 홍수를 신에 의한 심판이었다고 해석해 기록하고 있다는 사실은 무척 흥미롭다.

사실, 그러실 만도 했다. 당신이 신이라도 그렇게 하지 않았겠는가? 당신이 창조한 인간이 서로를 죽이고 약탈한다. 강한 자가 약한 자를 짓밟고 유린한다. 정의는 땅에 떨어져 짓밟히고 도덕은 눈을 씻고 찾아보아도 발견할 수 없다. 하나님은 자신이 창조한 아름다운 세상을 폭력과 피로 붉게 물들이는 인류를 심판하실 수밖에 없었으리라.

그런데 심판 이후 인간은 스스로를 위한 한층 강력해진 방어책을 마련한다. 창세기 10장을 보면 니므롯이라는 이름의 왕이 나온다. 그는 바벨에서 시작된 제국을 건설한 사람이다. 그의 별명은 '기이한 사냥꾼'이었는데, 이는 시저나 단군처럼 후대에 제국의 황제를 일컫는 말이 되었다. 홍수 이후 노아의 후손들은 시날 땅으로 이주

해 갔고 그곳 평지에서 하늘에 이르는 거대한 탑을 가진 성읍 즉 도시를 건설하려 했다. 이처럼 높은 탑을 가진 성읍은 가인이 건축했던 작은 성읍과는 본질적으로 달랐다. 그들이 건설하고자 하는 도시는 거대했다. 그들은 '대 꼭대기가 하늘에 닿는' 높은 탑을 건설하려 했다. 후대의 예언자 이사야는 바벨론 제국의 심판을 선포할 때 이 바벨탑 건설의 특징을 언급한다.

> 네가 평소에 늘 장담하더니 "내가 가장 높은 하늘로 올라가겠다. 하나님의 별들보다 더 높은 곳에 나의 보좌를 두고, 저 멀리 북쪽 끝에 있는 산 위에, 신들이 모여 있는 그 산 위에 자리잡고 앉겠다. 내가 저 구름 위에 올라가서, 가장 높으신 분과 같아지겠다" 하더니. (이사야 14:13-14)

바벨탑 건설의 본질은 한 집단이 하나님을 대적하는 하나의 성, 하나의 제국과 문명을 건설하고자 하는 시도다. 이사야에 따르면 그 시도는 높은 곳에 있는 신과 같이 높아지기를 추구하는 것이다. 그렇게 높은 탑이 있는 거대한 성읍은 하나님의 침입으로부터 그들을 보호해 줄 것이다. 우리는 창세기에서 바벨탑 건설자들의 깊은 두려움을 볼 수 있다.

"자, 벽돌을 빚어서 단단히 구워 내자." 사람들은 돌 대신에 벽돌을 쓰고 흙 대신에 역청을 썼다. 그들은 또 말하였다. "자, 도시를 세우고 그 안에 탑을 쌓고서 탑 꼭대기가 하늘에 닿게 하여, 우리의 이름을 날리고 온 땅 위에 흩어지지 않게 하자."(창세기 11:3, 4)

그런데 제국은 필연적으로 폭력이라는 요소를 통해 유지된다. 오랑캐의 침입이 두려워 만리장성을 쌓은 진시황의 예를 보아도, 제국을 만드는 일은 결코 자발적 참여로 이루어지지 않는다. 이런 일은 권력자들에 의해 강제될 수밖에 없다. 소수의 지배자들이 다수의 선량한 사람들을 외부의 위협으로부터 보호해 주겠다는 명목으로 그들을 지배하는 것이다. 사람들에게 벽돌을 굽고 나르게 하며 강제 노동에 동원함으로써 그들을 노예로 삼는다. 최근 진시황의 무덤 가까이에서 무더기 시신이 발견되었는데, 그 시신들은 강제 노역을 하다 죽어간 사람들의 것이라고 한다. 마찬가지로 바벨탑과 그 성읍 역시 결코 자원봉사로 건설된 것이 아니다. 그 성은 폭력과 사람들의 피를 밟고 건설되었다. 모든 제국이 그러하듯이 말이다.

존 도미니크 크로산은 「하나님과 제국」(포이에마)이라는 책에서 마이클 만을 인용해 제국이 어떻게 시작되는지를 보여 준다. 그에 의

하면, 제국은 "보호해 준다는 명목으로 돈을 뜯는 정치사의 막대한 갈취 행위"의 시작이다. 그것은 "내가 더 나쁜 폭력으로부터 너를 보호해 줄 테니, 나의 권력을 받아들여라"는 제안과 함께 시작된다. 그러니까, 하나님의 권력을 배제하기 위해 스스로 권력을 획득하고 제국을 만든 인간은 다시금 인간 권력자의 폭력 아래로 미끄러져 들어간 것이다.

그렇게 제국의 권력을 쥔 황제는 신적인 존재가 된다. 우리는 역사상 많은 황제들이 자신을 신이라 칭한 것을 알고 있다. 바벨론의 왕 느부갓네살은 신상을 만들어 자기를 신으로 섬기게 했고, 이집트의 왕족들은 스스로를 신이라 불렀다. 로마의 위대한 황제 아우구스투스는 자신의 치적을 기리는 기념비에서 "온 세계를 로마 제국에 예속시킨 신 아우구스투스"라 칭했다.

하나님에 맞서 제국을 만들고 스스로 신이 된 그들은 더 이상 못할 일이 없다. 성경은 이 제국들을 바다에서 올라온 괴물이라고 묘사한다. 지난 몇 세기 동안 제국들이 저지른 수탈과 폭력을 보면 성경이 왜 제국을 괴물이라고 부르는지 알 수 있을 것이다. 이 제국들은 인간의 모습을 하고 있지만 인간성을 잃어버린 뿔 달린 괴물들이다. 이 괴물들은 짓밟고 파괴하고 불태우고 억압하고 약탈하고 죽인다. 하나님의 왕권은 찬탈당했고, 아름다웠던 세계는 제국이 뿌린 피로 붉게 물들었다.

일어나신 하나님

어느 날 사람들이 눈이 머는 병이 걸려 앞을 볼 수 없게 된다. 이 병에 걸린 사람들은 정부에 의해 수용소에 격리된다. 그런데 급기야 세상의 모든 사람이 눈이 멀게 된다. 서로를 볼 수 없으니 사람들은 더럽고 은밀한 욕망을 분출하고 수용소는 엉망이 된다. 게다가 이 눈먼 세상을 지배하는 지배 계급이 출현하는데 그들은 권총과 식량으로 사람들을 억압하고 착취한다. 그들은 원하는 것을 얻어내기 위해 자기들 멋대로의 규칙을 세우고, 도시를 자기들 멋대로의 세상 즉 지옥으로 만들어 버린다. 주제 사라마구의 소설 「눈먼 자들의 도시」(해냄)가 그리고 있는 참혹한 상황은, 사실 이 세상의 솔직한 현실이다.

눈먼 자들이 세상을 파괴한 것처럼 하나님을 배반하고 이기적인 욕망에 눈이 먼 인류도 아름다운 세상을 파괴했다. 하나님을 떠난 인간에게 일어난 일을 바울은 이렇게 기록했다.

그들이 하나님 인정하기를 귀찮아하자, 하나님도 그들에게 간섭하기를 그만두시고 제멋대로 살도록 내버려두셨습니다. 그러자 그야말로 지옥 판이 벌어졌습니다. 악이 들끓고, 욕망의 아수라장이 벌어지고 악독한 중상모략이 판을 쳤습니다. 시기와 무자비한 살인과 언쟁과 속임수로 그들은 이 땅의 삶을 지옥으로 만들어 버렸습니다. (로마서 1:28-29, 「메시지」)

이 지옥 같은 세상은 구원이 필요하다. 어쩔 수 없는 본성과 힘으로 스스로를 파괴하고 서로를 파괴하는 우리는 탈출구를 찾을 수 없는 지옥에 갇혀 있다. 고대 세계뿐 아니라, 창세기에 나타난 폭력의 원역사가 지금도 되풀이되고 있다. 인류는 1만 년 이상이나 다음 왕, 다음 제국, 다음 정권과 제도에 희망을 걸었지만 세상의 모든 권력은 인류를 배신했다. 제국은 또 다른 형태의 괴물들로 변신해 끊임없이 세상을 고통에 빠뜨렸다.

그렇다면 도대체 누가 우리를 구원할 것인가? 과연 세상에 희망이 있을까? 우리는 스스로를 구원할 수 있을까? 이성이 우리를 구원할 수 없을 것이다. 과학도 우리를 구원할 수 없음은 자명하다. 정치와 권력도, 심지어 종교도 우리를 구원할 수 없을 것이다. 기능이 완전히 망가져 버린 이 세상에 속한 그 어떤 수단으로도 이 세상을 원 상태로 복원시키지는 못할 것이다. 즉 그 구원은 우리 외부로부터 와야 한다. 그래서 가수 한영애는 이렇게 노래했는지도 모른다.

잠자는 하늘님이여, 이제 그만 일어나요.
그 옛날 하늘빛처럼 조율 한 번 해주세요.

그러니 이제 하나님이 일어나셔야 한다. 이 노래의 제목처럼 하나님이 이 세상을 한번 제대로 "조율"해 주셔야 한다.

그런데 이 노래 가사와는 달리 하나님은 주무시지 않는다. 하나님은 우리를 구원하기 위해 이미 일어나셨다. 성경의 하나님은 고통받는 피조물들을 두고 잠들지 않으신다. 인간의 탐욕으로 부서져 내린 세상을 포기하지 않으신다. 그러니, 희망은 하나님께 있다. 그 하나님이 본래의 권위와 통치권을 다시 회복하는 것에 있다. 모든 인류가 자신이 떠나온 하나님께로 다시 돌아가, 그분의 통치를 인정하고 그와의 올바른 관계를 회복하는 데 있다. 그리고 그리스도인들은 그것이 이루어지는 곳을 하나님의 나라라고 부른다.

5 왕의 귀환

마녀가 세상을 끝이 없는 겨울로 만들어 버렸다. 마녀는 마법으로 나니아를 통치하고, 자신의 통치에 저항하는 자들을 석상으로 만들어 버린다. 두려움에 빠진 나니아의 피조물들은 마녀의 무시무시한 통치에 굴복한다. 핏기 하나 없는 하얀 마녀가 지배하는 한 나니아는 영원한 겨울이다.

하지만 나니아의 피조물들은 사자 왕 아슬란을 기다린다. 그가 오면 하얀 마녀의 끔찍한 겨울 제국은 끝이 나고 마침내 봄이 올 것이다. 희미한 소문이 나니아의 피조물들에게 들려온다. '아슬란이 오고 있어…' 어디선가 시냇물이 흐르는 소리가 들려온다. 졸졸졸 흐르던 시냇물 소리는 점점 커져서 이제는 콰르릉대며 계곡을 힘차게 흘러내린다. 나니아의 얼음이 녹고 있다. 나무들이 싱싱한 가지와 푸른 잎을 드러낸다. 하얀 마녀의 눈썰매는 눈 녹은 푸른 대지를 더 이상 달릴 수 없다. 아슬란이 돌아오고 있다.

C. S. 루이스의 「나니아 연대기」가 그리고 있는 하얀 마녀의 겨울은 악의 아비인 사탄이 지배하는 세상의 모습이다. 사탄이 지배하는 세상은 탐욕과 폭력으로 꽁꽁 얼어붙고 말았다. 하지만 이 세상 모든 피조물들은 왕이 돌아오길 기다린다. 그가 오시면 봄이 올 것이다. 영원할 것만 같았던 겨울은 끝이 나고 생명이 약동하는 푸른 세상이 열릴 것이다.

하나님의 약속

하나님은 오래전부터 예언자들을 통해, 이 세상을 전혀 새로운 방식으로 통치할 왕을 보내실 것이라고 말씀해 오셨다. 예언자들이 받은 신탁은 이러했다. "하나님이 메시아를 보낼 것이다."

'메시아'란 머리에 기름이 부어진 사람이라는 뜻의 히브리어다(현대인들에게 좀더 익숙한 단어인 '그리스도'는 히브리어인 메시아를 그리스어로 번역한 단어다. 따라서 그리스도와 메시아는 동일한 뜻이다). 고대 이스라엘의 예언자들은 왕이 될 사람에게 기름을 붓는 관례가 있었다. 즉 메시아는 하나님이 보낸 왕, 하나님의 대리 통치자를 의미한다. 따라서 예언자들의 신탁을 다시 풀이하면 이렇다. "하나님이 왕을 보내실 것이다."

하나님은 그 왕을 통해 세상을 통치할 것이다. 메시아는 깨어져 버린 이 세상에 하나님이 다스리는 사랑과 정의의 나라를 세우는 사명을 가지고 오는 이다. 나니아에 아슬란이 돌아옴으로써 마녀가 지배하는 겨울이 끝나고 봄이 오듯, 메시아가 오시면 악이 지배하는 세상은 힘을 잃고 하나님이 통치하시는 선한 세상이 올 것이다. 도무지 믿기지 않는 이 일은 대체 어떻게 이루어진다는 것일까? 일단 구약 성경에 나타난 메시아 예언들 중의 일부를 살펴보도록 하자.

먼저 살펴볼 것은 기원전 8세기 이스라엘 예언자인 이사야의 예언이다. 이사야는 메시아가 한 남자 아기의 모습으로 오실 것이라고 예언했다. 한 아기가 우리를 위해 태어나고, 우리의 통치자가 된다. 그의 왕국은 점진적으로 성장할 것이고 그 공평하고 정의로운 나라는 영원토록 지속될 것이다(이사야 9:6-7). 그런데 그에게 붙여질 이름들이 우리의 상식을 뒤엎는다. 이사야는 그가 '놀라우신 조언자' '전능하신 하나님' '영존하시는 아버지' '평화의 왕'이라 불릴 것이라고 썼다. '놀라우신 조언자', '평화의 왕'은 그렇다 쳐도 '전능하신 하나님'과 '영존하시는 아버지'라니? 이 말은 메시아가 사람의 모습으로 오는 하나님이라는 뜻과 다르지 않다. 오 마이 갓! 언빌리버블! 일단 지금으로서는 이런 예언이 있었다는 것 정도만 이해하고 넘어가야 할 것 같다.

두 번째로 살펴볼 예언은 기원전 6세기를 살았던 다니엘의 메시아 예언이다. 다니엘은 이스라엘이 바빌로니아의 침공을 받아 패망하면서 어린 나이에 포로로 끌려갔지만, 바빌로니아의 황제가 셋이나 바뀔 동안 황제의 오른팔이 될 정도로 유능한 인물이었다. 당대의 바빌로니아는 현대 세계의 문명을 주도하고 있는 미국과 거의 유사한 헤게모니를 가진 제국이었으며, 그 제국이 다스리던 나라는 아프리카에서 지금의 터키, 유럽을 넘어 인도에까지 이르렀다.

하루는 다니엘이 모시던 왕 느부갓네살이 꿈을 꾸었다. 마치 신처럼 온 세상을 호령하던 그였지만, 그는 꿈에서 큰 두려움을 느꼈고, 모든 술사들을 불러 자신이 무슨 꿈을 꾸었으며 그 의미가 무엇인지를 알아내라고 다그친다. 아니, 꿈을 꾼 장본인이 최소한 어떤 꿈을 꾸었는지 알려주어야 해몽을 할 것이 아닌가? 바빌로니아의 모든 술사들이 실패하고 있을 때 다니엘은 왕이 무슨 꿈을 꾸었는지, 그 꿈이 가리키는 바가 무엇인지를 소상히 밝힌다. 그 꿈은 세상 제국들의 운명에 관한 꿈이었다. 느부갓네살은 꿈에서 머리는 황금으로, 가슴은 은으로, 배는 놋으로, 다리는 철로, 발은 철과 흙으로 이루어진 거대한 신상을 보았다. 그런데 어디에선가 떨어져 나온 돌(한글 성경은 그것을 '뜨인 돌'이라고 번역한다) 하나가 그 신상의 발을 쳐서 무너뜨렸다. 황금 신상은 먼지처럼 부서져 바람에 날려가고 온 세상은 그 돌로 가득 차게 된다.

그리고 다니엘의 해석이 이어진다. 이 꿈은 하늘의 하나님이 왕에게 보여 주신 꿈이다. 황금 머리는 느부갓네살의 바빌로니아를 말하며, 은과 놋 등은 뒤이어 일어날 미래의 제국들이다. 이후 이 예언이 성취된 과정을 역사적인 순서로 보자면, 황금 머리였던 바빌로니아의 시대가 가고 가슴과 팔의 시대인 메디아와 페르시아의 시대가 열린다. 후에 놋의 나라가 일어나는데 이는 알렉산더가 세운 그리스 제국의 등장을 예언한 것이다. 다음으로 일어날 철의 제국은 로마를 가리킨다. 그리고 '뜨인 돌'(메시아를 상징하는)이 나타날 시기가 바로 그 로마 제국이 온 세상을 지배할 때다. 그 마지막 나라가 세상을 지배할 때, 하나님이 한 왕을 세우고 세상을 피로 물들인 제국들을 심판하고 그분의 나라를 세울 것이다. 그 왕은 하나님께 왕권을 받아 영원히 통치한다(다니엘 7:13-14).

세 번째로 살펴볼 이사야의 예언은 의외의 내용을 담고 있다. 우리로서는 참 이해하기 어려운 예언이다. 우선, 그는 왕으로서의 풍모를 갖추지 못했다. 마른 땅에서 나온 싹처럼 연약한 그 왕은 사람들에게 멸시받고 버림받을 것이며 많은 고통을 당할 것이다. 그는 재판을 받고 유죄 처분을 받을 것이며 고문과 굴욕을 당하고 끝내 죽임을 당할 것이다. 그런데 놀랍게도 그가 그렇게 죽는 것은 바로 우리를 위해서라고 한다. 그가 이 땅에서 맡은 중요한 역할은 바로 백성들의 희생 제물이 되는 것이기 때문이다. 그는 자기 백성들의 죄를 대신 짊어지고 고난받을 것이다. 제국들의 악을 심판하는 왕이신 메시아가 희생 제물이 되어 죽을 것이다. 그 죽음만이 하나님과 우리 사이를 화해시킬 수 있기 때문이다.

그가 우리가 받아야 할 고통을 대신 받고, 우리가 겪어야 할 슬픔을 대신 겪을 것이다. 그는 우리의 악함 때문에 상처를 받고, 죄를 지은 자기 백성들을 대신해 형벌을 받을 것이다(이사야 53장). 백성을 위해 죽는 왕이라⋯. 왕을 위해 백성이 죽는 것이 세상 이치 아닌가? 어쨌거나 예언에 따르면 이 기이한 왕은 자신의 죽음으로 백성들의 죄를 용서하고 하나님과 평화를 이루게 하신다. 그의 죽음으로 사람들의 죄가 용서받고, 다시 하나님께 받아들여져 하나님의 백성이 된다. 사실 누군가가 다른 이의 죄를 대신해서 죽는다는 것은 이해하기 쉬운 개념이 아니다. 하지만 이 장에서 다루기에는 분량이 많으니, 조금만 기다려 주시면 감사하겠다.

새로운 나라

이제 메시아의 사명을 언급한 에스겔의 예언을 살펴보자. 메시아는 성령(하나님의 영)을 보내 주셔서 그를 따르는 사람들을 새로운 존재로 재창조할 것이며, 그들은 하나님의 새로운 백성이 될 것이다. 메시아는 우리의 영과 마음을 새롭게 함으로써 새로운 백성을 창조하신다. 그들은 각질처럼 완고하지 않은 부드러운 마음을 가지게 될 것이며 하나님의 뜻을 자발적으로 실천하고자 하는 새 영을 받게 됨으로써 새로운 피조물이 될 것이다. 그렇게 되면 그들은 하나님의 백성이 되고 하나님은 다시 그들의 하나님이 되실 것이다(에스겔 36:25-28).

메시아가 보낸 성령이 하는 일은 인간을 새로운 존재로 창조하는 것이다. 결국 이 세상의 문제는 인간 자신이기 때문이다. 제도의 변화도 중요하고 정의로운 법을 만드는 것도 중요하다. 그러나 우리는 항상 제도와 법이 인간의 권력과 탐욕으로 왜곡되는 것을 목격해 오지 않았는가? 우리 자신이 변하지 않으면 안 된다. 메시아는 성령을 통해 새로운 마음과 영을 주셔서 우리를 새로운 존재로 변화시킨다. 하나님의 뜻을 따라 살 수 있도록 내면을 새롭게 창조하는 것이다. 그렇게 내면이 근본적으로 변화되어 하나님의 새로운 백성이 된 이들은, 제국의 통치가 아닌 하나님의 통치를 실현하는 공동체를 이룸으로써 세상의 대안이 될 것이다. 이 세상 질서를 거부하고 메시아의 통치를 받드는 하나님의 공동체가 됨으로써 세상의 빛이 될 것이다.

탐욕이 세상의 중심이라면, 이 새로운 공동체의 중심에는 사랑이 있다. 탐욕으로 서로를 착취하고 이용하고 누르고 올라서는 것이 세상의 질서라면, 사랑으로 서로 섬기고 나누고 희생하는 것은 하나님 나라의 질서다. 메시아의 통치를 받는 이 새로운 공동체는 하나님을 떠나 깨어지고 고통에 빠진 세상을 치유하고 회복해야 할 임무를 받는다. 이 공동체는 세상 제국들에 대한 대안적인 공동체가 될 뿐 아니라 깨어진 세상을 위해 함께 일해야 한다. 이사야에 따르면, 그들은 해묵은 폐허에서 성읍을 재건하고 파괴되었던 기초를 다시 쌓을 것이다. 그들은 무너진 성벽을 다시 세우고 부서진 도로를 다시 건설하여 사람들이 살 수 있도록 할 것이다(이사야 58:12). 메시아를 따르는 이 새로운 공동체가 할 일은 하나님이 보내신 메시아와 함께 고통에 빠진 세상을 회복시키고 치유하는 일이다.

마지막으로 살펴볼 메시아 예언은 궁극적인 평화가 세워진다는 내용의 예언이다. 메시아는 궁극적으로 이 세계의 모든 분쟁을 끝내고 정의와 평화의 나라를 이 땅에 세우실 것이다. 메시아의 통치가 이 세상에서 실현되는 날에는 이리와 양이 함께 살고, 표범이 새끼 염소와 함께 뒹군다. 송아지와 새끼 사자와 살진 짐승이 함께 풀을 뜯고, 어린아이가 그것들을 이끌고 다닌다. 암소와 곰은 서로 벗이 되며, 그것들의 새끼가 함께 눕고, 사자가 소처럼 풀을 뜯는다. 젖먹이 아이가 독사의 구멍 곁에서 장난하고, 젖 뗀 아이가 살무사의 굴에 손을 넣는다. 하나님의 거룩한 산 그 어디에서도, 서로 해치거나 파괴하는 일은 찾아볼 수 없을 것이다. 물이 바다를 채우듯, 주님을 아는 이들이 땅에 가득하기 때문이다(이사야 11:6-9).

즉 메시아의 통치는 온 세계에 궁극적인 평화가 실현될 것이라는 약속이다. 늑대, 표범, 곰과 같은 강한 나라나 양과 염소, 송아지 같은 약한 나라가 모두 평화롭게 사는 세상이 도래할 것이며, 궁극적으로는 약육강식의 질서가 무너지고 완전한 평화가 실현될 것이라는 말이다. 이스라엘의 의로운 자들은 이 약속을 믿고 기다렸다. 그들은 하나님이 보내실 메시아와 그가 세울 하나님의 나라를 대망했다. 그리고 그 여명은 밝아 오고 있었다.

예수의 주장

"친구야, 내가 오늘 고백할 게 하나 있어. 사실 말이야, 나 외계인이야. 내 고향은 지구에서 약 275만 광년 떨어져 있는 GP 37815Z 행성이야." 당신의 절친한 친구가 어느 날 이렇게 고백해 온다면 당신은 어떻게 반응하겠는가? 함께 일하고 밥 먹고 여행했던 친구가 뜬금없이 이런 말을 한다면 우리는 모두 뜨악한 표정을 짓고 망연자실 그를 쳐다볼 수밖에 없을 것이다. '이 친구 어떻게 된 거 아니야?' 그리고 친구를 위해 정신과 치료를 권할지도 모르겠다.

오늘날 많은 사람들이 위대한 성인 중의 하나로 인식하고 있는 예수는, 생뚱맞게도 자신이 성경에 예언된 바로 그 메시아라고 주장한 인물이다. 누가복음에는 예수가 30세가 되던 해에 한 회당에 들어가 구약 성경에서 대표적인 메시아 예언 중 하나인 이사야서를 펼쳐 읽는 장면이 나온다. "주님의 영이 내게 내리셨다. 주님께서 내게 기름을 부으셔서 가난한 사람에게 기쁜 소식을 전하게 하셨다. 주님께서 나를 보내셔서, 포로 된 사람들에게 해방을 선포하고 눈먼 사람들에게 눈 뜸을 선포하고, 억눌린 사람들을 풀어 주고 주님의 은혜의 해를 선포하게 하셨다"(누가복음 4:18-19). 그리고 책을 덮고는 이 말씀이 오늘날 자신을 통해 성취되었다고 선언하신다. 이사야에 예언된 메시아가 바로 자신이라는 예수님의 주장은 친구가 스스로 외계인이라고 주장하는 것만큼이나 황당하게 들렸을 것이다.

그런데 놀랍게도, 이토록 황당한 주장을 진실이라고 믿는 당대 사람들이 있었다. 그리고 그 사람들은 지극히 정상적인 사람들이었다. 아니, 정상적인 수준을 넘어 현재 예수의 제자들은 성자라고 불리며, 초대교회는 이방인들에게도 칭송의 대상이 되었다. 사실이 그러하다면, 예수를 메시아라고 믿는 데는 분명한 이유가 있었을 것이다. 게다가 예수를 메시아로 믿었던 초대교회 사람들 중에는 예수의 가족들도 있었다. 어머니 마리아도 있었고, 동생 야고보도 있었다. 이쯤 되면 분명 뭔가가 있었을 것이다. 나는 한 번씩 상상을 해 본다. 내가 만약 나를 낳아 준 엄마에게 "엄마, 사실은 말이야, 내가 하나님의 아들이야"라고 말한다면 엄마는 어떤 표정을 지을까? 또 내 동생들은…. 생각만 해도 웃음이 난다.

당시 사람들에게 있어서 예수가 메시아라고 믿는 것은 자기가 예수라고 주장하는 친구의 말을 믿는 것만큼이나 어려운 일이었다. 그럼에도 불구하고 예수의 제자들과 초대교회는 그가 메시아라고 믿었다. 그리고 얼마 못 가 그리스-로마 사람들까지도 예수가 메시아라고 믿기 시작했다. 무엇이 그들을 예수를 메시아라고 믿는 신앙으로 인도했을까?

자신이 외계인이라는 친구의 주장을 무시하기는 쉽다. 그런데 만약 그가 지구인이 갖지 못한 능력을 당신에게 보여 주고, 지구의 가장 뛰어난 수학자들조차 풀지 못했던 수학 문제를 간단하게 풀어 버리는 데다가, 자신이 떠나왔다는 275만 광년 떨어진 태양계 행성들의 운행 궤도를 정확하게 그려낸다면, 지구인이라면 도저히 알 수 없는 것들을 알고 있다면 어떻게 될까? 예수가 메시아임을 열렬히 증언했던 제자들과 초대교회도 처음부터 그렇게 믿은 것은 아니었다. 그들 역시 자신이 메시아라고 주장하는 이 얼토당토않은 남자의 주장에 크게 분개했을 것이다. 그러나 그들은 점점 그에게서 메시아의 증거를 발견했다.

예수의 권위

예수는 여러 가지 기적들을 통해 신적 힘과 권위를 드러내는 방식으로 자신이 메시아임을 보여 주셨다. 예수의 첫 번째 기적은 포도주가 떨어진 결혼식 잔치에서 물로 포도주를 만든 것이었다. 요한복음에 기록된 이 기적은 이제 밍밍한 물 맛 같았던 옛 시대는 가고 포도주같이 짜릿한 새로운 시대가 예수 그리스도와 함께 왔음을 상징적으로 선포한 사건이다.

또 예수는 귀신 들려 자아가 속박당한 자들에게서 귀신들을 쫓아내셨다. 예수가 가져오신 하나님 나라의 능력은 악한 영들에 사로잡혀 신음하던 사람들을 해방시켰다. "그러나 내가 하나님의 영을 힘입어서 귀신을 쫓아내는 것이면, 하나님의 나라는 너희에게 왔다"(마태복음 12:28). 예수는 하나님 나라의 능력이 자신을 통해 이 땅에서 실현되고 있다고 말씀하셨다.

예수는 폭풍우 치던 바다 위를 걸어 풍랑 속에 허우적대는 제자들을 구하러 오기도 하셨다. 그리고 풍랑을 향해 "잠잠하라" 소리치셨을 때 미친 듯 날뛰던 갈릴리 바다는 순식간에 조용해졌다. 이를 본 그들은 "큰 두려움에 사로잡혀서 서로 말하였다. '이분이 누구이기에, 바람과 바다까지도 그에게 복종하는가?'"(마가복음 4:41) 예수는 이 사건을 통해 그가 우리 인생의 어떤 풍파도 잠재울 수 있는 강력한 하나님임을 보여 주셨다.

심지어 예수는 죽은 자들을 여러 번 살려내기도 했다. 한번은 죽은 외아들을 매장하러 가는 과부를 위해 아들을 살려 주셨고, 죽은 지 나흘이 지나 썩은 냄새가 진동하는 무덤에서 친구 나사로를 살려내기도 하셨다. 이로써 예수는 죽음의 지배로 비통에 빠진 이들을 죽음에서 해방하실 수 있는 분이심을 입증해 보이셨다.

예수의 주장에 코웃음을 치던 유대인들도, 이와 같은 일련의 사건을 접하면서 예수의 진정한 정체성에 점점 의문을 갖기 시작했다. 왜냐하면 예수가 보여 준 이 기적들은 깨어진 이 세상을 치유하러 온 메시아의 모습을 분명하게 보여 주었기 때문이다. 예수의 기적은 예수가 시작하고 또 만들어 갈 미래를 단적으로 보여 주고 있었다. 낡은 관습에 빠진 세상을 대체할 기쁨으로 가득한 세상, 인간을 누르고 착취하는 억압적 권력으로부터의 자유, 죄와 이기심으로 파괴된 자연 질서의 완전한 회복, 인생을 결국 허무로 몰아넣고야 마는 무시무시한 죽음의 종결, 그리고 단절과 소외를 극복하고 영원히 사랑으로 함께하는 삶. 예수의 기적이 사실이라면, 그는 세상의 질서를 전혀 새롭게 재편할 권위를 지닌 존재였던 것이다.

복음서에는 이처럼 예수가 일으킨 기적들이 많이 기록되어 있다. 실험과 관찰이 가능한 것만을 믿도록 훈련받아 온 우리는 이런 기적 이야기들을 접할 때마다 코웃음을 친다. '예수님이 무슨 소금쟁이도 아니고 물 위를 어떻게 걷는단 말이야?' '뭐? 물로 포도주를 만들어? 그건 성분이 달라. 물은 H_2O. 포도주는 C_2H_5OH야. 이게 가능하냐고?' 보통 이런 식이다. 하지만 실제로 일어나지 않은 일들이 기록되어 있다면, 복음서 저자들은 지금까지 전 인류를 대상으로 사기 행각을 벌여 온 범죄자가 되고 말 것이다. 그러나 만약 예수의 기적이 사실이라면 그것은 그가 메시아임을 입증하는 것이다.

이쯤에서 여러분은 이런 질문을 던질 수 있다. '복음서에 기록된 예수가 일으킨 기적들은 모두 예수를 믿는 사람들이 쓴 것 아닌가? 그 기록이 조작되었는지 그렇지 않은지 어떻게 알 수 있는가?' 과연 복음서에 기록된 이 기적들은 역사적 사실일까? 따라서 복음서 기록이 역사적으로 사실인지를 살펴보는 것은 예수님이 메시아라는 기독교의 주장을 검토해 보는 데 매우 중요한 요소다.

복음서는 어떻게 기록되었나

그러면 이제 예수의 행적을 기록한 복음서가 어떤 경위로 기록되었는지 살펴보자.

예수의 죽음 이후 제자들은 예수가 메시아임을 열정적으로 전파하기 시작했고, 그 결과 교회들이 세워졌다. 최초 교회의 구성원들은 예수를 잘 알고 기억하던 유대인들이었기에, 예수의 말씀과 행적을 기록하는 일은 급선무가 아니었다. 사도들의 시급한 과제는 메시아의 기쁜 소식이 전파된 결과로 세워진 많은 교회들을 하나님 나라의 질서로 세워 가는 일이었다. 그래서 사도들은 하나님 나라의 새로운 공동체인 교회가 알아야 할 것과 행해야 할 것들을 편지로 기록하여 교회들에게 보냈다. 우리는 사도들이 보낸 이러한 편지들을 '서신서'라고 부른다. 신약 성경의 순서를 보면 복음서가 먼저 나오지만, 사실은 서신들이 먼저 기록되고 이후 복음서가 기록되었다.

복음서가 기록된 이유는, 교회가 유대 지역 너머까지 성장하고 있었고 예수에 대한 기억을 지닌 사람들이 점점 사라지고 있어서 예수의 행적과 가르침이 훼손되지 않도록 잘 보존하여 전수하고 전파할 필요가 있었기 때문이다. 그래서 많은 이들이 이 일에 뛰어들었다(누가는 자신의 복음서 초두에서, 이미 많은 이들이 예수의 생애를 기록으로 남기기 위해 붓을 들었다고 말한다). 이들은 생전의 예수를 알았던 사람들의 기억과 구전, 어록들, 먼저 집필된 복음서를 참조해서 복음서를 썼고, 그리하여 저자들의 이름을 딴 네 개의 복음서가 우리 손에 남겨지게 되었다.

이 당시는 기록을 남기기 위해 양피지나 파피루스를 사용했는데,

이것은 보통 돈이 많이 드는 일이 아니었다. 그래서 부자가 아닌 웬만한 사람들은 책을 가질 수 없었고 이로 인해 자연히 구전 문화가 발달했다. 아예 외워 버리고, 입에서 입으로 전파하는 것이다. 복음서가 기록되기 전의 그리스도인들은 기억과 말에 의존해 예수님의 행적과 가르침을 보존하고 전파했다. 복음서들을 살펴보면 예수의 행적과 교훈이 정확하게 보존되어 있음을 알 수 있는데 이는 당시의 구전 문화 때문이다. 게다가 예수는 팔레스타인 전역을 다니며 사람들을 가르쳤는데, 특히 중요한 내용은 여러 지역에서 반복해서 가르쳤을 것이므로 더욱 잘 보존할 수 있었을 것이다. 이런 상황에서, 복음서의 내용이 교회가 기억하는 바와 달랐다면 사람들은 그것을 단박에 알아차렸을 것이다. 그리고 이렇게 말했을 것이다. '우리 주 예수는 그렇게 행동한 적이나 그런 말씀을 하신 적이 없소!'

예를 들어 보자. 독자들은 나를 잘 모를 것이다. 나는 젊은 시절을 한 대학생 선교단체의 간사로 지냈다. 대구의 한 대학교에서 일을 시작했는데 나중에는 제법 커져서 학교 강당을 빌려 모임을 해야 할 정도가 되었다. 우리 모임을 거쳐 간 사람들이 얼추 2천 명은 될 것이다. 그때를 추억하던 어떤 이가 나에 대한 이야기를 써서 출판하겠다고 한다(물론 가상의 이야기다). 나의 생애를 추적한 그 책에 '목사님은 당시 22층 도서관 꼭대기에 올라가더니 사뿐히 뛰어내려 유유히 걸어가셨다'든지, 생활과학대 앞 연못 위를 성경책을 들고 걸어다니며 명상을 하셨다든지, 심지어 오토바이 사고로 이미 죽은 대학생의 손을 잡았더니 학생이 일어나 오토바이를 타고 갔다는 등의 황당한 이야기가 기록되어 있다면 누가 가장 먼저 그 기록을 거부할 것 같은가? 아마도 나를 잘 아는 사람들일 것이다. '도대체 누구야? 이런 말도 안 되는 이야기를 쓰다니. 이건 목사님에 대한 모독이야. 내가 그때 목사님과 함께 모임에 참여한 리더인데, 이런 일은 없었어.' 나에 대한 어떤 기록이 거짓이라면 그것을 읽고 맨 처음 거부할 사람은 나를 잘 아는 사람일 테다.

우리는 복음서의 맨 처음 독자들이 예수의 행적을 잘 알던 유대인들이었음을 기억할 필요가 있다. 그들의 기억 속 예수님의 모습과 기록된 내용이 달랐다면 그들은 진즉에 그것을 알아볼 수 있는 위치에 있었다는 것이다. 그들은 복음서 이야기의 배경이 된 지역을 찾아가 확인해 볼 수 있었고, 주변 사람들에게 물어 진위를 가릴 수도 있었다. 복음서에는 지명과 인명, 당대 인물들에 대한 세세한 정보들까지 기록되어 있으니 말이다. 즉 그들은 자신이 받아든 책을 읽고 거기에 기록된 지명인 갈릴리 가나 지방을 찾아가 그 지역 사람들에게 물이 포도주로 바뀐 사건이 실제로 일어났는지, 베다니를 찾아가 그곳에서 죽은 지 나흘이 지난 나사로라는 인물을 예수가 정말로 살리셨는지 묻고 확인할 수 있는 위치에 있었다. 복음서의 기록들은 위조될 수 없었다. 그랬다면 예수의 기억을 공유하고 있었던 교회는 그 기록을 즉각 거부했을 것이기 때문이다.

게다가 신약 성경 사본의 수는 당대에 기록된 다른 책들과 비교해 볼 때 압도적으로 많을 뿐 아니라 시기적으로도 원본이 기록된 시기와 매우 가깝다. 그 당시 기록된 다른 책들의 사본이 발견된 경우는 9세기와 10세기의 것이 가장 많으며 그 수도 10여 권에 불과한 경우가 많다. 원본과 사본들의 시대적 간격이 거의 1,000년인 데다가 그 수도 적다. 하지만 신약 성경의 초기 사본의 수는 5천 권이 넘는다. 요한복음은 서기 80-100년 사이에 기록된 것으로 보이는 파피루스 사본이 발견되기도 한다. 그리고 사본들끼리 비교해 보면 그 내용이 서로 일치한다. 즉 그 기록은 위조되거나 변질되지 않았다는 이야기다.

우리가 읽게 되는 복음서에는, 자신을 메시아라고 주장하는 한 남자의 이야기가 나온다. 이 남자의 인격은 하나님과 동일하게 고결했고, 그의 특별한 능력은 다리 저는 사람을 걷게 만들었고 눈먼 자의 눈을 뜨게 하고 절름발이가 뛰어다니게 만들었다. 심지어는 물이 포도주로 변하기도 하고, 이미 죽은 사람이 그의 명령으로 다시 살아났다. 그리고 중요한 것은, 그 이야기들이 당대 사람들에게 읽히고 확인된 있는 그대로의 사실이라는 점이다. 초대교회 그리스도인들은 그 이야기를 믿었고 때때로 그것 때문에 목숨을 내놓기도 했다. 그들은 예수를 메시아라고 증언함으로써 예수의 증인이 되었다. 그리고 증인이라는 단어는 후일 순교자와 동의어가 되었다. 그만큼 복음서의 이야기는 그들에게 하나의 강력한 사실이었다.

복음서의 결론에 따르면 예수는 하나님이 이 땅에 보내신 메시아다. 그것이 사실이라면 하나님의 나라가 예수를 통해 왔다는 결론이 자연스럽게 도출된다. 그런데 하나님이 메시아를 통해 이루겠다고 하신 그 황홀한 약속들은 어떤 방식으로 성취되는가? 많은 사람들이 기대한 것과는 달랐지만, 하나님이 이스라엘에 주신 그 황홀한 약속들은 메시아 예수를 통해 분명히 이루어지고 있었다. 예수 그리스도의 부활은 하나님의 그 약속이 어떤 방식으로 성취되었는지를 선명하게 보여 주는 사건이다. 이제 나는 다음 장에서 그것을 다루려고 한다.

6 빈 무덤

내 아버지가 고향 상주에 사실 때 겪었던 이야기를 들려주셨다. 어느 집안에 장수하다 돌아가신 할머니가 계셨는데, 당시 관행대로 살던 집 병풍 뒤에다 고인을 모셨다고 한다. 사람들이 문상을 와서 향을 피우고 절하고 곡을 하고 있는데 병풍 뒤에서 노크 소리가 났다. '똑똑, 똑똑.' 놀랍게도 그 소리는 관 속에서 들려오고 있었다. 놀란 상주와 며느리가 어찌어찌 관 뚜껑을 열었는데…세상에! 죽은 할머니가 벌떡 일어나 앉아 눈을 부릅뜨더니 며느리에게 밥상을 차려오라고 하는 것이다. 그 모습을 본 며느리가 너무 놀라 그만 심장마비로 죽었다는 슬픈 이야기다. 어떻게 그런 일이 있을 수 있냐고? 뭐, 나도 아버지께 들은 이야기니 너무 타박은 말아 주시길. 아버지는 삼 일 만에 다시 살아나는 사람들이 더러 있어서 삼일장이 기본이라는 말도 곁들이셨다.

이렇듯 우리는 삶과 죽음의 갈림길에서 일어나는 신기한 경험담을 적지 않게 들어 왔다. 하지만 내가 지금부터 다루게 될 예수의 부활은 이런 정도의 이야기가 아니다. 그 할머니가 다시 살아난 것은 엄밀히 말해 '회생'이지 '부활'이 아니다. 그 할머니도 언젠가는 결국 이 세상을 떠나셨을 테니까 말이다. 또한 부활은 윤회의 다른 말도 아니다. 부활은 다른 존재로 환생하는 것과는 다르다. 또한 부활은 죽은 귀신이 나타나는 것도 아니다. 죽은 귀신이 나타나면 사람들은 그를 죽은 상태로 인지할 뿐 부활했다고 말하지 않는다. 부활은 마음속에 영원히 기억됨으로써 살아 있는 존재가 되는 것도 아니다. 성경이 말하는 부활은, 죽은 자가 죽음을 이기고 이전 존재의 연속이면서도 전혀 새롭게 다시 살아나는 것이다.

이 세상에 죽음을 이기고 부활할 수 있는 사람이 있는가? 죽음이라는 무적의 원수를 이길 자가 있는가? 이 세상의 모든 군왕과 노비들, 미인과 소년들이 다 죽었다. 누가 감히, '나를 죽여라. 삼 일 만에 살아나 내가 메시아임을 보이겠다'고 말할 수 있겠는가? 그런데, 예수가 그랬다. 그리고 사도 바울은 바로 이 부활을 기독교의 핵심으로 인식했다. "그리스도께서 살아나지 않으셨다면, 우리의 선포도 헛되고 여러분의 믿음도 헛될 것입니다. 우리는 또한 하나님을 거짓되이 증언하는 자로 판명될 것입니다. 그것은, 죽은 사람이 살아나는 일이 정말로 없다면, 하나님께서 그리스도를 살리지 아니하셨을 터인데도 하나님께서 그리스도를 살리셨다고 하나님에 대하여 우리가 증언했기 때문입니다"(고린도전서 15:14-15). 즉 부활이 사실이 아니라면 예수는 메시아일 수 없고 기독교는 거짓이 되고 만다. 반대로 예수의 부활이 사실이라면 예수는 부인할 수 없는 메시아이며 기독교 신앙은 참이 될 수 있다는 말이다.

신학자 톰 라이트는 '왜 기독교가 생겨났으며 이와 같은 형태를 띠게 되었는가?'라는 질문에 대해 초기 기독교는 '우리는 예수의 부활 때문에 존재한다'고 대답할 것이라고 말했다. 즉 예수의 부활 없이 기독교의 탄생은 불가능했고 교회들은 생겨날 수 없었을 것이라는 말이다. 왜냐하면 예수의 부활은 예수가 메시아임을 입증하는 사건이기 때문이다.

부활에 대한 예언

땅속 티끌 가운데서 잠자는 사람 가운데서도 많은 사람이 깨어날 것이다. 그들 가운데서 어떤 사람은 영원한 생명을 얻을 것이며, 또 어떤 사람은 수

치와 함께 영원히 모욕을 받을 것이다. (다니엘 12:2)

예수가 이 땅에 오기 수세기 전부터 성경의 예언자들은 의롭게 살다가 죽은 의인들을 하나님이 부활시켜 주시리라고 예언했다. 많은 의인들이 정의를 위해 혹심한 고난을 겪었고 심지어는 억울한 죽음을 당하기도 했다. 의를 행하다가 죽어도 그뿐이라면 얼마나 슬픈 일인가? 그러나 하나님은 의인들을 부활시켜 영원한 생명을 주실 것이다.

사람은 자기 의지로 부활할 수 없다. 예수가 부활했다면 이는 하나님의 능력 때문일 것이다. 이는 하나님이 그를 의인으로 인정하신 것을 의미한다. 예수는 자신이 하나님이 인류의 구원을 위해 보내신 메시아라고 한결같이 주장했다. 부활은 예수가 자신에 대해 펼친 이 주장, 즉 자신이 바로 그 '메시아'라는 주장이 옳음을 하나님이 확증해 주신 사건인 것이다.

사람들은 자주 예수에게 '당신이 성경에 예언된 바로 그 메시아라는 증거가 무엇이냐?'고 물었다. 그때마다 예수는 자신이 삼 일 만에 부활할 것이라고 말씀하셨다. "이 성전을 허물어라. 그러면 내가 사흘 만에 다시 세우겠다"(요한복음 2:19). "이 세대는 요나의 표징

밖에는 아무 표징도 받지 못할 것이다"(마태복음 16:4). 요나는 물고기 배 속에서 삼 일 만에 살아 나왔다는 인물이고 예수가 '허물라'고 했던 성전은 자신의 육신을 가리키는 것이었다. 예수가 자신의 말대로 부활한 것이 사실이라면 예수가 메시아라는 기독교의 주장은 진실일 것이다.

하지만 예상한 바대로 부활은 인간의 경험과 상식으로는 도저히 받아들이기 힘든 비현실적 사건이기 때문에 수많은 이들이 부활을 믿기를 거부했고, 다른 형태의 해석을 끊임없이 시도해 왔다. 그래서 나는 부활을 대하는 가장 단순한 방법으로서, 그 논란의 현장으로 직접 당신을 데려가고자 한다. 이제 그 무덤으로 가 보자.

예수는 죽지 않았다?

사실 부활과 관련된 논란은 죽음 여부 자체에서 시작되는 경우가 많기에, 먼저 예수가 십자가에서 확실히 죽었는지부터 살펴보자. 어쩌면 예수가 처형을 피해 달아났다가 부활을 위조한 것일 수도 있으니 말이다. 실제로 어떤 이들은 예수가 죽지 않았다고 주장한다. 예수는 정말 십자가에서 죽지 않고 기절했거나 죽은 척한 것일까? 바

바라 티어링은 예수와 십자가에 달렸던 두 죄수 모두 실제로는 죽지 않았다고 주장한다. 예수와 함께 처형대에 오른 시몬 마구스라는 의사가 어떤 약을 가지고 무덤 속에서 예수님을 고쳤으며, 후에는 예수와 바울 일행이 여행을 떠날 수 있도록 도왔다는 것이다. 심지어는 예수가 결혼하여 아이들까지 낳았다고 주장한다. 또 어떤 이들은 예수가 운 좋게도 죽지 않고 기절했다가 지진의 충격으로 깨어나 자신이 부활한 것처럼 꾸몄다고 주장하기도 한다. 어쨌든 이러한 주장들의 핵심은 예수가 죽음에까지 이르기 전에 깨어났다는 것이다.

하지만 이런 식의 주장들이 얼마나 터무니없는 것인지는 조금만 생각해 보면 알 수 있다. 예수가 십자가에 달려 죽은 과정을 잘 생각해 보자. 예수는 십자가에 달리기 전에 이미 가혹한 고문을 당했고, 그 정도의 고문만으로도 사람은 죽음에 이를 수 있다. 당시 로마 군인들의 잔인한 채찍질은 악명이 높았다. 서기 155년에 순교한 스미르나 감독 폴리갑에 대한 스미르나 교회의 보고에 따르면, "순교자들 중 어떤 이들은 채찍질로 너무나 찢겨져 그 내부의 정맥과 동맥들조차 보일 정도"였다고 한다.

로마 군인들은 예수님을 조롱하려고 굵은 가시나무로 면류관을 만들어 예수의 머리에 눌러 씌웠다. 억센 가시에 찢긴 이마에서는 피가 흘러내렸다. 성난 군중들은 예수를 조롱하며 구타했다. 십자가 형틀이 세워질 장소에 도착해서는 예수를 발가벗겨 십자가 위에 눕히고 손목 바로 위인 전박에 15센티미터의 대못을 박았다. 무릎은 옆으로 비틀어 아킬레스건과 경골 사이 발목에 또 대못을 박았다. 그리고 십자가를 수직으로 세웠다. 십자가에 달린 죄수는 계속되는 출혈과 신경을 관통한 못으로 인해 극심한 갈증과 고통을 겪는다. 그리고 출혈과 탈수로 서서히 죽어간다.

어느 정도 시간이 지나자 군인들은 그가 확실하게 죽었는지 확인했다. 로마인들은 사람 죽이는 법을 대단히 잘 알고 있었는데, 십자가에 달려 아직 죽지 않은 사람을 발견하면 다리를 커다란 망치 같은 것으로 쳐서 거꾸로 꺾어 확실하게 죽이곤 했다. 전문가인 그들이 볼 때 예수는 죽은 것이 분명했으므로 그의 다리는 꺾지 않았다. 하지만 한 군인이 긴 창으로 그의 옆구리를 깊숙이 찔렀고, 부드러운 옆구리 살을 관통한 그 창은 그의 간과 폐와 심장을 관통했을 것이다. 요한은 예수의 죽음을 상세하게 묘사하는데, 옆구리에서 물과 피가 따로 흘러내렸다고 기록하고 있다. 물과 피가 분리되어 흘러나오는 현상은 혈액이 이미 응고되었음을 뜻하며 사망 후 시간이 많이 흘렀음을 말해 준다고 한다.

한편 예수가 아닌 다른 이가 십자가에 달려 죽었다는 주장도 있다. 어떤 이들은 한때 유행했던 대중적인 소설을 읽고는 이런 선입견을 가지기도 한다. 십자가에 달린 이가 예수의 마음씨 착한 동생 야고보였고 예수는 이스라엘을 탈출해 막달라 마리아와 결혼해 프랑스로 건너가 아이도 낳고 잘 살았으며 그 후손들이 지금도 살아 있다는, 뭐 그런 이야기다.

그렇다면 재판 과정이나 처형 과정에서 누군가가 예수와 다른 이를 바꿔치기했다는 이야기인데 과연 가능한 일이었을까? 이런 일은 당시의 재판과 처형 과정을 살펴볼 때 불가능한 이야기다. 예수에 대한 재판은 많은 유대 지도자들이 참석한 가운데 진행되었으므로 그들이 다른 사람을 예수로 착각하고 재판을 진행했을 리는 없다. 또한 당시 유대 민중에게 강력한 지지를 받고 있던 예수를 죽인다는 사실이 알려질 때 일어날 민란을 두려워한 유대 지배자들은 밤사이 번갯불에 콩 구워 먹듯 재판을 진행했다. 재판을 주도한 사람들이 직접 참관하여 속전속결로 진행되는 이런 재판에서 사람을 바꿔치기한다는 것이 가당키나 했을까?

십자가 처형 당시 상황도 마찬가지다. 다른 사람이 십자가에 달렸다면 예수를 죽이려 했던 유대인들은 즉각 알아차렸을 것이다. 게

다가 공개 처형 장소에서 수많은 군중들이 목격하고 있었으니, 사람이 바뀌었다면 예수를 지지했건 반대했건 간에 사람들은 그 사실을 알아차렸을 것이다. 예수를 죽이고자 했던 사람들은 소동을 일으켰을 것이고 예수를 따르던 사람들은 그가 메시아라고 믿지 않았을 것이다.

부활하신 예수를 만난 후 예수가 메시아임을 믿게 된 예수의 동생 야고보는 후일에 예루살렘 교회의 지도자가 된 인물이다. 어떤 이들은 이 야고보가 사실은 예수였다고 의혹을 제기하지만 그럴 수는 없다. 두 형제가 쌍둥이가 아닌 다음에야 그렇게 수많은 사람의 눈을 속이기는 힘들 것이다. 그리고 우리의 경험상, 쌍둥이라 하더라도 그들 사이에는 얼마간의 차이가 있기 마련이어서 가까운 사람들은 그것을 쉽게 구별한다. 당시 사람들도 바보가 아니었고 특히 예수의 제자들은 예수와 오랜 세월 함께했던 사람들이었다. 그런 그들이 예수와 야고보를 혼동하지는 않았을 것이다.

여러 정황을 볼 때 다른 사람이 대신 십자가에 달려 처형되었을 가능성은 없다. 십자가에 달린 이는 예수였고 그가 복음서의 기록대로 십자가에서 죽으셨다는 것은 확실하다. 그렇다면 다음 문제는 예수가 정말 다시 살아났느냐 하는 것인데, 몇 가지 강력한 증거를 함께 살펴보자.

부활의 증거 1. 그 무덤에는 예수의 시체가 없었다

누가복음에 따르면 예수는 금요일 정오에 숨을 거두셨고 요셉이라는 사람의 소유인 무덤에 안치되셨다. 아리마대 출신인 요셉은 선하고 어진 성품을 가진 유대 최고 회의의 의원이었고, 하나님의 나라를 간절히 기다리던 의로운 사람이었다. 그는 예수의 시신을 거두어 한 번도 사용된 적이 없는 자기 소유의 무덤에 안치했다. 그런데 3일 후 예수의 시체가 사라졌다. 예수의 무덤이 비어 버린 것은 생전의 예수가 주장한 대로 부활 때문일까? 아니면 다른 어둡고 비밀스러운 이야기들이 숨겨져 있는 것일까?

그 무덤이 이전에는 한 번도 사용하지 않은 새 무덤이었다는 사실은 예수의 부활을 다루는 데 있어 매우 중요한 요소다. 유대인은 자연 동굴을 사용하거나 파내기 쉬운 바위를 깎아서 무덤을 만들고 그 안에 조상의 유골을 작은 항아리 모양의 함에 넣어 보관했다. 시신은 그곳에서 다 썩을 때까지 안치되어 있었다. 그러므로 오래된 무덤에는 여러 구의 시체가 썩어 가고 있었다. 그러나 요셉의 무덤은 새 무덤이었기 때문에 다른 시신이 없었다. 이는 예수의 무덤을 찾아간 여인들이나 제자들이 다른 무덤을 예수의 무덤으로 착각하거나 다른 시신을 예수의 시신으로 오인할 수 없었음을 말해 준다. 그 무덤에는 오로지 예수의 시신만이 세마포와 두건에 싸인 채 뉘어 있었다.

사실, 그곳에는 예수의 시체가 있었다?

그런데 어떤 이들은, 부활은 일어나지 않았고 예수의 시신은 그 무덤에서 그대로 썩어 가고 있었다고 주장한다. 요셉의 무덤에 안치된 예수의 시신은 정말 부활하지 않고 그곳에 있었을까? 하지만 빈 무덤을 보았다는 증인들이 무척 많았고 그들의 정황을 자세히 살펴보면 무덤이 비어 있었을 가능성은 거의 확실해 보인다.

그 무덤이 비어 있었음을 증언한 첫 번째 증인은 아이러니하게도 예수를 죽인 유대인들이다. 그들은 제자들이 예수의 시체를 훔쳐갔다고 주장했다(마태복음 28:13). 이는 그 무덤이 확실하게 비어 있었음을 보여 주는 좋은 증거다. 예수의 부활을 전파하는 제자들에게 들이댈 수 있는 강력한 반대 증거는 바로 요셉의 무덤에서 썩어 가고 있는 예수의 시신이었겠지만, 안타깝게도 그들의 수중에는 예수의 시신이 없었다.

둘째, 예수의 무덤을 찾아간 이들의 증언이 있다. 예수의 어머니 마리아를 포함한 세 여인과 그들을 따라간 많은 여인들이 빈 무덤을 목격했다. 그 여인들은 예수가 죽으신 지 3일째 되는 날에 향유와 향품을 가지고 무덤으로 갔다. 하지만 도착해 보니 돌로 막아 놓았던 무덤이 열려 있었고 예수의 시신은 없었다. 그리고 그들은 천사들이 나타나 예수가 부활하셨다고 말했다고 증언했다. 한편 이 소식을 들은 제자들 중 베드로와 요한이 급히 일어나 그 무덤으로 달려갔다. 그들은 이 여인들의 말을 도무지 믿을 수 없었던 것이다. 사실 내가 그 상황에 있었더라도 마찬가지였을 것이다. 그들도 무덤이 비어 있었다는 여인들의 증언을 눈으로 확인했다.

셋째, 사도들이 전한 복음을 듣고 예수를 믿었던 3천 명이 넘는 남자들의 무리를 생각해 보자. 예수가 십자가에 달려 죽은 뒤 불과 40여 일 후에 베드로는 이렇게 외쳤다. "이 예수를 하나님께서 살리셨습니다. 우리는 모두 이 일의 증인입니다"(사도행전 2:32). 이 선포를 통해 그날 예수를 믿고 세례를 받은 자가 남자만 3천 명이 넘었고, 당시 계수에 포함되지 않은 여인들까지 감안할 때 얼마나 많은 사람이 이 날 예수를 믿었는지를 추측해 볼 수 있다. 시체가 무덤에 남아 있을 가능성이 농후한 상황에서도 과연 그토록 압도적인 수의 사람들이 메시아의 부활 사실을 확신할 수 있었을까?

누군가 시체를 훔쳐간 것은 아닐까?

이 정황을 놓고, 누군가가 예수의 시신을 훔쳐갔다는 주장도 있었다. 시체를 훔친 혐의로 거론되는 자들은 예수를 죽이고자 했던 유대인과 예수를 메시아라고 전파했던 제자들이다. 과연 누군가가 예수의 시체를 훔쳤기 때문에 무덤이 비어 있었던 것일까? 탐정의 마음으로 이 사건을 조사해 보도록 하자.

첫 번째 용의자는 유대인들이다. 예수가 자신이 3일 만에 부활할 것이라 수차례 예고했기에, 유대인들은 제자들이 예수의 시체를 훔친다든가 하는 사고를 미연에 방지하고자 시체를 미리 확보했을 수도 있을 것이다. 그러나 시체를 훔쳐간 사람들이 유대인이었을 가능성은 매우 희박하다. 알다시피 제자들이 사람들에게 전한 메시지의 핵심은 예수의 부활이었다. 그들이 시체를 확보하고 있었다면 제자들이 부활의 메시지를 전파할 때 그들이 확보해 둔 예수의 시체를 들이밀거나 그것이 보관된 곳을 알려주기만 했어도 예수를 그리스도라고 선포하는 메시지를 중단시킬 수 있었을 것이다. 그러나 그들은 그렇게 하지 못했다. 베드로가 예수의 부활을 전파하자 그들이 한 일이라고는 그를 때리고 "예수의 부활을 내세워서 죽은 사람들의 부활을 선전"하는 것을 금지하는 것뿐이었다(사도행전 4:2). 이는 그들에게 예수의 시체가 없었음을 말해 준다.

두 번째 용의자는 예수의 제자들인데, 불행하게도 제자들은 그 무덤에서 예수의 시신을 훔쳐 낼 능력이 없었다. 왜냐하면 유대인들이 군인들을 시켜 지키게 한 그 무덤은 경계가 무척 삼엄했기 때문이다. 그리고 제3일에 부활하겠다는 예수의 예고 때문에 그날에는 더욱 확실하게 주변을 차단했을 것이다. 그런 상황 속에서 동굴을 가로막고 있었던 2톤에 달하는 돌을 군인들에게 들키지 않고 굴려 내고 시신을 훔쳐 도망치기란 불가능하다. 또한, 예수의 시신을 감쌌던 세마포는 잘 개켜져 있었고 머리의 상처를 싸맸던 수건은 그것이 감쌌던 육신이 증발이라도 한 듯 원형을 유지하고 있었다(요한복음 20:6-7). 시체를 훔쳐가는 사람들이 그런 여유를 부렸을 리는 없을 것이다.

게다가 제자들에게는 시체를 훔칠 동기가 없었다. 제자들은 예수와 함께 예루살렘 성으로 입성한 후 한껏 승리감에 도취되어 있었다. 그들은 이제 곧 예수가 왕으로 등극할 것이고 자신들은 왕이 된 예수의 좌우편에 앉아 이스라엘을 다스리는 꿈을 꾸고 있었다. 그런 그들이 그곳에서 예수의 죽음을 갑작스럽게 맞이해야 했던 것이다. 전혀 예상하지 못했던, 마른하늘에 날벼락이 떨어지듯 갑작스럽게 일어난 일이었다. 모두가 별안간 실의에 빠져 버린 상황 속에서, 그 누가 예수의 시신을 훔쳐 낸다는 모의를 생각이나 할 수 있었겠는가?

또한 예수의 부활을 조작함으로써 그들에게 돌아오는 이익도 없었다. 그들이 예수의 부활을 전하며 얻었던 것은 모진 매질과 감금과 핍박, 살해의 위협이었다. 더욱이 그들은 모두 잔혹한 방법으로 죽임을 당했다. 어떤 이는 십자가에 거꾸로 못 박혀 죽었고, 어떤 이는 돌에 맞아 죽었고, 많은 이들이 참수형에 처해졌다. 심지어는 그들의 가족들까지도 위협받고 죽어야 했던 상황 속에서 왜 굳이 그렇게 했겠는가? 사람들은 간혹 진실을 위해 죽기는 하지만 거짓을 위해 목숨을 걸지는 않는다.

유대인들도 제자들도 예수의 시신을 훔쳐가지 않았음은 꽤 분명해 보인다. 그렇다면 예수의 시신은 어디로 간 것일까? 그 대답은 목격자들의 증언에 있다.

부활의 증거 2. 증인들이 있다

앞에서 살펴본 대로 무덤이 비어 있었던 것이 사실이라 할지라도 그것은 부활을 완전히 입증하는 충분조건이 되지 못한다. 무덤을 떠난 자가 다른 곳에서 반드시 발견되어야만 하는 것이다. 그러니까 빈 무덤과 무덤 밖에서의 목격자라는 두 가지 증거가 결합하면 부활을 지지하는 강력한 증거가 된다.

성경에 따르면 예수는 죽은 지 사흘 만에 다시 살아나 40여 일간 제자들과 그를 사랑했던 사람들에게 나타났다고 한다. 그리고 수백 명의 보통 사람들이 부활하신 예수를 목격했다고 증언하기 시작했다. 그 무덤에서 썩어 가고 있어야 할 예수가 다시 살아나 자신들에게 나타났다는 것이다. 그들은 함께 이야기를 나누고 그 손과 옆구리를 만져 보기도 했으며 심지어는 구운 생선도 함께 먹었다고 말했다. 이후 예수의 제자들과 그를 따르던 모든 사람들은 예수의 부활을 목숨 걸고 전파했다. 그들의 담대한 증언을 통해 저 멀리 아시아와 로마에 이르기까지 그리스도인들의 공동체인 교회가 생겨나기 시작했다. 예수의 죽음과, 제자들의 목숨을 건 증언 사이에 어떤 결정적인 일이 일어났다. 그리고 그 결정적인 일이란 바로 예수의 부활이었다고 보는 것이 가장 합리적인 설명일 것이다.

예수의 제자들에게 일어난 변화는 매우 급진적인 것이었다. 예수가 십자가에 달려 돌아가신 직후 낙망에 빠져 있던 제자들이 불과 며칠 사이에 담대하게 예수의 부활을 전파하기 시작했다. 그들은 그 일에 목숨을 걸었다. 실제로 요한을 제외한 모든 제자들이 순교했고, 요한은 유배지로 끌려가 평생 광산 노동자로 살다 죽었다. 부활 이외에 무엇이 그런 변화를 만들어 낼 수 있겠는가?

부활하신 주님을 만난 후 관점이 급진적으로 바뀐 사도 바울의 이야기는 꽤 유명하다. 원래 그는 예수 믿는 사람들을 핍박하던 사람이었다. 예수를 증언하던 초대교회 지도자 스데반을 돌로 쳐 죽이던 이의 겉옷을 지켜 주던 사람이 바로 그였다. 그랬던 그가 갑자기 변했다. 예수 믿는 자들을 죽이는 데 혈안이었던 그가 예수의 열렬한 추종자가 되었다. 그는 자신의 변화가, 그리스도인들을 색출하기 위해 다마스커스로 가던 도중 부활하신 예수 그리스도를 만난 후 일어난 것이라고 말했다.

그의 회심은 진정한 것이었다. 스데반에 대한 죄책감이라든지, 새로운 종교의 창시자가 되어 보겠다는 야심과 같은 것으로 설명하기에는 그가 보여 준 변화가 너무나도 놀랍다. 예수를 따르는 자들을 살해하려 했던 그가 도리어 예수의 부활을 증언하다 수차례 죽을 만큼 매를 맞았다. 돌팔매질도 당했다. 팔레스타인 지방에서 터키를 지나 그리스의 산지를 넘어 알바니아에 이르는 광활한 지역을 오직 부활하신 예수 그리스도를 전하기 위해 위험을 무릅쓰고 여행했다 (터키만 해도 남한 면적의 여덟 배다). 바다로 여행하다가 파선한 적도 있다. 굶기를 밥 먹듯이 했다. 잔인한 고문을 당했고 그를 죽일 때까지 아무것도 먹지 않겠다고 맹세한 400명의 암살 협박으로 불면증에 시달렸다. 그리고 쇠사슬에 매인 채 고대의 열악한 감옥에 갇힌 적도 많았다.

로마로 압송되어 당대의 유명한 왕들 앞에서 그가 행한 연설을 들어 보라. "나는 임금님뿐만 아니라 오늘 내 말을 듣고 있는 모든 사람이, 이렇게 결박을 당한 것 외에는 꼭 나와 같이 되기를 하나님께 빕니다"(사도행전 26:29). 무엇이 바울을 이렇게 바꾸어 놓았을까? 말해서 무엇하겠는가. 바로 부활하신 예수와의 만남 때문이었다.

바울과 비슷한 이가 한 명 더 있었다. 바로 야고보다. 앞에서 말했듯 그는 예수의 동생이었다. 형을 메시아라고 믿고 따르기는 무척 어려웠을 테고, 실제로 자신의 형을 메시아라고 부르지 않았다. 그러나 바울이 그랬던 것처럼 야고보도 부활하신 예수를 만나고 나서는 그를 메시아라고 믿을 수밖에 없었다. 그리고 그는 예루살렘 교회의 지도자가 되었고, 결국 순교했다. 그를 회심하게 한 것도 바로 예수의 부활이었다.

이들은 모두 예수가 체포되자 줄행랑을 쳤던 제자들이었다. 또 어떤 이들은 예수를 따르는 자를 극심하게 핍박했고, 어떤 이들은 예수에 대해 의구심을 가지던 사람들이었다. 그랬던 그들이 담대한 부활의 증인으로 변화된 것은 실제로 부활하신 그리스도를 만난 사건 외에 다른 어떤 것으로 설명이 가능하겠는가? 제자들이 예수의 부활 이야기를 만들어 낸 것이 아니라, 예수의 부활이 제자들의 목숨을 건 선교 이야기를 만들어 낸 것이다.

부활의 증거 3. 교회들이 세워졌다

십자가에 달려 죽은 예수가 부활했다는 세 번째 증거는 그의 부활로 인해 교회가 생겨난 것이다. 예수의 부활이 없었다면 초대교회는 생겨날 수 없었다. 교회의 존재는 부활에 대한 가장 강력한 증거다.

당시 간헐적으로 일어났던 메시아 운동들은, 그것을 주도하는 이가 죽으면 자연스럽게 소멸했다. 톰 라이트에 의하면 예수의 시대를 전후로 약 1백 년 동안 10여 개의 메시아 운동이 봉기했다고 한다. 로마에 대항하여 반란을 일으킨 자칭 '메시아'들은 그 시도가 실패로 끝나면 추종자들과 함께 십자가형에 처해졌고, 그와 함께 그 운동도 자연스럽게 사라졌다. 한 예로, 갈릴리 사람 유다는 예수가 태어나던 시기에 메시아 운동을 이끌었지만 봉기는 실패로 끝났고, 유다와 수백 명의 청년들이 당국에 체포되어 십자가형에 처해졌다. 그리고 그 운동은 이내 소멸했다. 모든 메시아 운동은 '그 메시아'의 죽음 이후 사라졌다.

그러나 예수를 추종하던 사람들은 예수의 죽음 이후 더욱 강력하게 예수를 따랐다. 왜 그들은 목숨을 걸고서까지 예수가 그리스도라는 사실을 온 세계에 전파했을까? 바로 예수의 부활 때문이다. 부활이 없었다면 그들은 모두 흩어져 버리고 말았을 것이다. 예수가 십자가에 달려 죽음으로써 이스라엘의 희망이 사라진 것에 크게 낙담한 제자들이 담대하게 예수가 메시아임을 전파하기 시작했다.

이 예수께서 하나님의 주도면밀하신 계획에 따라, 법을 제멋대로 주무르는 사람들에게 배반당하시고 여러분에게 넘겨졌습니다. 여러분은 그분을 십자가에 못 박아 죽였습니다. 하지만 하나님께서 죽음의 밧줄을 푸시고 그분을 다시 살리셨습니다. 죽음은 그분의 상대가 되지 못했습니다. (사도행전 2:23-24, 「메시지」)

그리고 다음과 같이 선언했다.

이 예수를 하나님께서 다시 살리셨습니다. 여기 있는 우리가 다 그 일의 증인입니다. (사도행전 2:32, 「메시지」)

앞에서 살펴보았듯이 그의 증언으로 그날 모인 3천 명의 남자들이 세례를 받고 그리스도인이 되었다. 그들은 예루살렘에 모여 함께 만찬을 가졌고, 가진 것에 대한 소유권을 주장하지 않고 필요한 자들에게 나누어 주었다. 그들의 모임은 교회가 되었다. 교회가 예수의 부활이라는 이야기를 만들어 낸 것이 아니라, 예수의 부활이 교회를 만든 것이다.

부활은 유대인이나 로마인과는 전혀 다른 공동체를 형성하게 되었다. 짐승을 죽이는 유대인들의 제사는 성찬과 침례(세례)로 변화되었다. 이 새로운 공동체에서는 짐승 제사가 아닌 성찬식과 침례식이 예수의 죽음과 부활을 상징하는 제의가 되었다. 유대인들은 금요일

밤에서 토요일 해질 때까지를 안식일로 지켰고 안식일을 어기는 사람들은 돌로 쳐 죽이라는 엄격한 율법까지 있었지만, 이 새로운 교회는 안식 후 첫째 날 즉 예수가 부활하신 날(지금의 일요일)을 거룩한 날로 삼았다. 이것은 예수의 부활이 만들어 낸 변화였다.

이 부활의 효력은 교회를 구성하는 이들의 전혀 새로운 삶을 통해 가시적으로 드러났다. 그들은 하나님 나라가 그들의 삶 속에 이미 들어온 것처럼 살았다. 왜냐하면 그들에게 부활이란 하나님 나라가 예수와 함께 이 땅에 왔음을 알려주는 증거였던 것이다. 그들은 부활이 가져다준 새로운 질서, 하나님 나라의 질서를 따라 살았다. 그들은 세상 속에서 부활의 질서를 따라 사는 부활의 공동체가 되었다.

예수는 그들에게 "내가 너희를 사랑한 것같이 너희도 서로 사랑하라"고 했고, 그들은 그 계명에 따라 서로를 깊이 사랑할 뿐 아니라 원수였던 이방인까지도 사랑했다. 그래서 로마 황제 율리아누스는 불평조로 이렇게 읊조렸다. "신앙심이 없는 이 갈릴리인들이 자기 지역의 가난한 이들뿐 아니라 우리 지역의 가난한 이들까지 먹인다."[1] 예수의 제자들은 자신을 넘어 원수인 로마 사람들까지도 사

---

[1] 여기서 '갈릴리인'이란 그리스도인을 말하고, '신앙심이 없다'는 말은 로마인들이 자주 그리스도인들을 무신론자로 오해했음을 보여 준다.

랑했다. 서기 137년에 아리스티데스는 그리스도인들이 가난한 자들과 자신의 것을 나누었고, 자주 폭력을 당했으나 보복하지 않고 선으로 악을 이기려 했으며, 자기들 안에 가난한 이가 있다면 2-3일을 금식하면서까지 돌보았다고 기록하고 있다. 이것이 바로 부활이 창조한 새로운 공동체의 모습이다. 예수의 부활은 교회를 창조했고 교회는 예수의 부활을 살았다. 그들은 부활의 일부가 되었다.

예수 그리스도의 부활은 부패하고 불의한 이 세상에서 결코 좌절하거나 절망할 필요가 없음을 말해 준다. 생명이 죽음을 삼키고 있다. 사랑이 증오를 이기고 있다. 정의가 불의를 이기기 시작했다. 절망하지 말라. 그리고 이 세상이 아닌 하나님께 소망을 두라.

7   세상으로 내려온 천국

철모르고 피었다 일찍 떨어지는 개나리가 있다. 내가 아는 아이들은 그 꽃을 '미친 개나리'라고 했다. 나도 그저 가여운 꽃이라 여겼다. 하지만 어느 날 문득, 늦겨울에 핀 개나리들은 이렇게 외치고 있는 것인지도 모른다는 생각이 들었다. '봄이 오고 있어! 조금만 견디면 돼.' 결코 지나갈 것 같지 않은 겨울을 견디고 있는 피조물들은 그 꽃들을 바라보며 안도했을 것이다. '맞아, 봄이 오고 있었지!'라고 말이다. 일찍 핀 개나리는 완전히 봄이 오면 세상이 어떻게 변할지를 예고하는 전령과 같다. 마침내 그때가 오면 세상은 온통 푸른 잎과 예쁜 꽃들로 뒤덮일 것이다. 주위의 눈을 녹이며 피어나는 새싹, 나뭇가지에서 돋아나는 연한 순들은 곧 다가올 봄의 향연을 지금 미리 경험하게 한다.

이렇듯 일찍 핀 꽃과 새싹들은 성경에서 말하는 천국을 보여 주는 훌륭한 은유다. 여전히 겨울이 득세하고 있을지라도 쌓인 눈을 뚫고 돋아난 새싹을 통해 이미 온 봄을 경험하듯이, 성경은 예수 그리스도와 함께 천국이 이미 세상으로 왔다고 말한다. 궁극적으로 완성되지는 않았을지라도 말이다. 이것은 사실 이해하기가 쉽지 않은 문제다. 이 장에서는 흔히들 가지고 있는 천국에 대한 통념을 깨고 성경에서 말하는 천국이란 과연 어떤 것인지 자세히 살펴보도록 하자.

천국은 지금 여기에 있다

대부분의 사람들은 '천국' 하면 사람이 죽어서 가는 천상의 어떤 영역을 떠올린다. 인터넷 위키 백과에도 천국이란 '하늘 또는 그 이상으로 끝없이 확장되는 천상의 영역을 의미한다'고 되어 있다. 불교에서 천당은 죽어서 가는 복된 세계이며, 초기 기독교에서도 천국에 간다는 것은 제한된 육체를 벗어나 하나님이 계시는 영원불변의 영적 세계로 들어가는 것이라 여겨졌다. 일반적인 이해에 따르면 천국은 죽어야만 갈 수 있는, 영혼이 거주하는 공간이다.

만약 천국이 죽어야만 들어갈 수 있는 어떤 곳이라면 지금 여기

이 세상은 어떻게 되는 것일까? 이 세상은 그저 저 천국에 들어갈 티켓을 얻기 위해 고통을 감내하며 살아내야만 하는 통과의례에 불과한 곳인가? 천국이 사후에 존재하는 영혼의 세계라면 지금 우리가 몸으로 살아내는 삶의 의미는 무엇인가? 우리의 삶은 벗어 버려야 할 굴레이거나 해탈하지 못한 영혼의 실패를 의미하는가?

하지만 성경이 말하는 천국은 다르다. 예수는 "회개하여라. 하늘나라가 가까이 왔다"고 선포했다. 기독교에서 천국은 위키 백과의 설명과는 달리 죽은 영혼들이 올라가는 천상의 어느 장소가 아니다. 놀랍게도 성경은 천국이란 이 '땅'으로 임하는 하나님의 통치라고 말한다. 천국은 하나님의 나라라고 번역되기도 하는데 이 둘은 같은 것이다. 천국은 하나님의 통치가 지금 이 땅, 이 세상의 현실 속에서 실현되는 것이다. 예수가 하늘나라가 가까이 왔다고 선포한 것은 이제 곧 하나님의 통치가 이 땅에서 시작될 것임을 의미한다.

그렇다면 어떤 방식으로 시작된다는 말인가? 앞서 살펴본 바대로, 성경의 예언에 따라 하나님의 아들 메시아가 하나님의 통치를 이 세상에 구현할 것이다. 메시아는 하나님의 통치를 세상에서 구현하는 하나님의 대리 통치자다. 예수의 제자들은 예수가 부활하셔서 하나님의 오른쪽에 앉으셨다고 기록하는데, '오른쪽'은 보통 왕의 통치를 실현할 사람이 앉는 자리를 말한다. 따라서 예수는 하나님을 대신해 하나님의 사랑과 정의의 통치를 실현하실 메시아다.

하지만 사람들은 그 사실을 쉽게 받아들이지 못했다. 하루는 예수가 귀신이 들려 보지도 말하지도 못하는 사람을 고쳐 주었는데, 사람들 사이에 논쟁이 일었다. 어떤 이들은 그가 다윗의 자손 즉 메시아가 분명하다고 했고, 다른 이들은 그가 일으킨 이적들이 귀신의 왕인 바알세불의 힘을 빌린 것이라고 주장했다. 이에 예수는 "내가 하나님의 영을 힘입어서 귀신을 쫓아내는 것이면, 하나님의 나라는 너희에게 왔다"(마태복음 12:28)고 답하셨다.

예수를 성경에 예언된 메시아로 지목했던 요한도 옥중에서 제자들을 보내 그가 정말 메시아인지 확인하게 했다. 그때는 예수가 나인이라는 성에 살고 있던 과부의 죽은 외아들을 살리신 직후였다. 죽은 사람을 살리는 능력만으로는 그가 메시아라고 믿기가 좀 그랬나 보다. 질병과 악령으로 시달리는 많은 사람들을 고치고 눈먼 사람들을 치료하는 일을 광범위하게 하고 있었던 예수는, 요한의 제자들에게 그들이 본 것을 요한에게 전하라고 하신다.

너희가 보고 들은 것을, 가서 요한에게 알려라. 눈먼 사람이 다시 보고, 다리 저는 사람이 걷고, 나병환자가 깨끗해지고, 귀먹은 사람이 듣고, 죽은 사람이 살아나고, 가난한 사람이 복음을 듣는다. (누가복음 7:22)

이는 이사야가 말한 메시아 예언의 성취였다. 이사야는 메시아가 오시면 다음과 같은 일들이 일어날 것이라 예언했다.

두려워하는 사람을 격려하여라. "굳세어라. 두려워하지 말아라. 너희의 하나님께서 복수하러 오신다. 하나님께서 보복하러 오신다. 너희를 구원하여 주신다" 하고 말하여라. 그때에 눈먼 사람의 눈이 밝아지고 귀먹은 사람의 귀가 열릴 것이다. 그때에 다리를 절던 사람이 사슴처럼 뛰고, 말을 못하던 혀가 노래를 부를 것이다. 광야에서 물이 솟겠고, 사막에 시냇물이 흐를 것이다. 뜨겁게 타오르던 땅은 연못이 되고, 메마른 땅은 물이 쏟아져 나오는 샘이 될 것이다. 승냥이 떼가 뒹굴며 살던 곳에는 풀 대신에 갈대와 왕골이 날 것이다. (이사야 35:4-7)

예수가 오심으로써 인간을 불행하게 만들었던 모든 것에 대한 하나님의 복수가 시작되었다. 상상해 보라. 눈먼 사람들이 눈을 떠, 지는 노을과 바람에 흔들리는 꽃잎과 사랑하는 사람의 미소를 본다. 귀먹은 사람들의 귀가 열려 문이 여닫히는 소리, 바람이 일으키는 나뭇잎들의 속삭임, 거리에서 뛰노는 아이들의 노랫소리를 듣는다. 걷지 못하던 사람들은 들판을 사슴처럼 뛰논다. 황무지 같았던 세상에 물이 솟아오르고 사막에는 시냇물이 흘러 풍요로운 세상이 된다. 예수가 오심으로써 하나님의 나라가 우리 가운데로 온 것이다.

하나님의 통치가 예수로 말미암아 시작되었다. 그 통치는 모든 불완전한 것들과 인간을 고통 속으로 몰아넣는 질병과 죽음을 끝장내고 새로운 세상을 창조하고 있었다. 메시아가 세상을 찾아왔다는 것은 천국이 세상으로 들어왔음을 뜻한다. 예수 그리스도의 부활은 하나님이 약속하신 그 나라가 이 세상으로 내려와 활동을 시작했음을 알린다. 메시아가 하나님의 통치를 실현하기 위해 오셨다. 천국이 세상을 침공했다. 하늘이 땅으로 내려왔다. 죄와 죽음이 지배하는 눈 덮인 옛 세상은 침몰하고 있으며 온 세상은 곧 사랑과 정의의 물결로 뒤덮일 것이다. 개나리꽃이 피었다. 곧 봄이 온다. 조금만 더 견디라.

진리가 지배하는 곳

유대인들은 성경에 예언된 천국을 종종 오해했다. 유대인들은 로마를 몰아내고 제국을 일으킬 메시아를 원했다. 그들은 칼로 하나님의 나라를 세우려 했던 것이다. 하지만 그것은 이스라엘이라는 이름을 가졌으나 본질은 로마 제국과 같은 것이었고, 하나님이 통치하실 천국과는 완전히 거리가 멀었다. 그것은 제국이 아니라 천국이 되어야 했다. 예수는 전혀 다른 방식으로 천국이 세워질 것임을 분명하게 말씀하셨다.

처형 전 유대 총독 빌라도가 예수에게 물었다. "네가 정말 유대인의 왕이냐?"

예수가 대답했다. "내 나라는 이 세상에 속한 것이 아니오. 내 나라가 세상에 속한 것이라면, 나의 부하들이 싸워서, 나를 유대 사람들의 손에 넘어가지 않게 하였을 것이오. 그러나 사실로 내 나라는 이 세상이 속한 것이 아니오."

그러자 빌라도가 다시 물었다. "그러면 네가 왕이긴 한가?" 예수가 다시 대답했다.

"당신이 말한 대로 나는 왕이오. 나는 진리를 증언하기 위하여 태어났으며, 진리를 증언하기 위하여 세상에 왔소. 진리에 속한 사람은, 누구나 내가 하는 말을 들을 것이오."

예수가 세상에 천국을 세우는 수단은 칼이 아니다. 천국은 폭력으로 세워지는 것이 아니라, 진리를 통해 세워진다. 그리고 예수의 말씀은 진리의 증언이다. 따라서 천국은 칼과 총이 아닌 예수의 말씀으로 세워진다. 그리고 예수의 말씀에 순종하는 이들의 삶을 통해 천국이 세상으로 임한다. 예수의 말씀에 순종하는 사람들은 하나님 나라의 새로운 질서를 세상 속에 창조한다. 바로 이런 방식으로 천국이 세상 속으로 들어온다.

푸코는 지식이 곧 권력이라고 말했다. 이는 많이 아는 사람이 세상을 지배한다는 뜻이 아니다. 여기서 지식이란 어떤 한 세상을 지배하는 이야기를 뜻한다. 그 지식은 그가 속한 세상의 공기다. 의식하든 하지 못하든 어떤 사회에 속했다는 것은 어떤 지식 혹은 어떤 이야기에 속했다는 의미가 된다. 우리는 그 이야기 속에서 살아간다.

천국도 이와 비슷하다. 메시아 예수의 말씀이 전파되는 곳으로 천국이 임한다. 예수의 말씀에 신실하게 응답하는 제자들의 삶을 통해 천국이 온 세상에서 결실을 맺는다. 즉 천국의 결실은 예수의 말씀에 성실하게 반응하는 제자들의 공동체인 것이다. 그렇다면 이 공동체를 지배하는 이야기, 그 '지식'은 무엇인가? 바로 사랑이다. 예수의 말씀이 전파되는 곳에 서로를 자기 몸처럼 사랑하는 사랑의 공동체들이 세워진다. 예수는 이렇게 말씀하셨다.

> 내 계명은 이것이다. 내가 너희를 사랑한 것과 같이, 너희도 서로 사랑하여라. 사람이 자기 친구를 위하여 자기 목숨을 내놓는 것보다 더 큰 사랑은 없다. (요한복음 15:12-13)

예수에게 사랑받는 제자였던 요한은 스승을 따라 이렇게 말했다.

> 그리스도께서 우리를 위하여 자기 목숨을 버리셨습니다. 이것으로 우리가 사랑을 알게 되었습니다. 그러므로 우리도 형제자매를 위하여 목숨을 버리는 것이 마땅합니다. (요한일서 3:16)

천국은 총과 칼이 아닌, 예수의 사랑의 계명에 순종하는 자들의 삶을 통해 온 세상으로 확장된다. 그런 이유 때문에 예수의 신실한 제자들은 항상 예수의 말씀을 전파하고 그 말씀에 따라 살아가는 공동체를 세상에 세우려 한 것이다. 천국은 진리 즉 사랑이 지배하는 새로운 세상이다.

세상 속에서 성장하는 것

직경 1밀리미터 크기의 겨자씨는 이스라엘에서 심던 식물의 씨 중 가장 작은 것이었다. 겨자는 빠른 성장으로 유명한데, 처음에는 잘 보이지 않다가 어느 날 갑자기 2-3미터 정도의 과일나무 높이만큼 자란다. 겨자씨는 유대인들이 작은 것을 비유할 때 쓰는 작은 것의 대명사였다. 유채꽃과 비슷한 모양의 꽃을 피우는 이 잡초는 특히 갈릴리 지방의 언덕과 길가에서 흔히 자라는 매우 흔한 식물이었다.

그런데 예수는 천국이 농부가 밭에 심은 겨자씨와 같다고 말씀하셨다. 그의 비유에서 이 겨자씨는 금세 자라나 큰 나무가 되어 새들이 와서 깃들일 정도로 성장한다. 사실 겨자는 나무가 아니라 일년생 식물인데, 예수도 그와 같은 농경 사회의 상식을 모르셨을 리 없을 것이다. 어쨌든 이것은 비유이고, 이 비유의 핵심은 천국이 겨자씨처럼 작고 미미하게 시작되지만 결국에는 큰 나무만큼 자라나 큰 나라를 이루리라는 것이다.

성경에서 나무는 왕국을 묘사하는 표현으로 자주 쓰인다. 다니엘 시대에 느부갓네살 왕이 꿈을 꾸었는데, 나무 한 그루가 점점 자라 튼튼해지고 마침내 하늘까지 닿아 땅 끝에서도 그 나무를 볼 수 있었다고 한다. 그 나무의 잎은 무성하고 아름다웠으며 열매는 온 세상 사람이 먹고도 남을 만큼 풍성했다. 들짐승이 그 그늘 아래 쉬고 가지에는 새들이 깃들이며 모든 생물이 그 나무에서 먹이를 얻는다(다니엘 4:10-12). 다니엘은 이 나무가 느부갓네살의 위대한 왕국을 의미한다고 왕에게 말했다.

백향목이라는 나무는 이스라엘의 회복에 관한 예언에 자주 등장했다. 에스겔은 유대인들이 바빌로니아의 포로로 잡혀가 있던 기원전 6세기에 이렇게 예언했다. 때가 이르면 하나님이 백향목의 높은 새 가지 끝에서 연한 가지를 꺾어서 시온의 높은 산에 심으실 것이다. 이 나무는 온갖 새들이 깃들이는 큰 나무로 성장한다. 새들이 와서 깃들인다는 표현은 이방인들도 포함하는 큰 왕국으로 성장한다는 의미다. 이는 하나님이 메시아를 통해서 세우실 나라가 겨자씨처럼 작고 미미하게 시작되지만 결국은 느부갓네살의 제국처럼 큰 나라를 이룰 것이라는 의미다.

이 모든 예언들을 아셨던 예수는 그것에 비추어 겨자씨 비유를 말씀하신 것이다. 에스겔의 예언과 같이 천국은 백향목 새 가지에서 돋아난 연한 가지를 꺾어 심은 것처럼 연약하다. 하지만 그 작고 연약한 나무는 성장해 종국에는 큰 나무가 된다. 천국은 예수와 그를 따르는 작은 무리로 시작되지만 종국에는 커다란 백향목처럼 큰 나라를 이룬다는 것이다.

하지만 예수님 당대의 유대인들은 이 예언들을 크게 오해하고 있었다. 그들은 메시아가 오시면 즉각적으로 온 세상 제국들을 심판하고 하나님의 통치를 실현할 것이라 믿었던 것이다. 그래서 예수는 천국에 대한 그들의 오해를 바로잡을 필요가 있었고, 이 비유는 당신이 메시아라면 왜 단박에 저 악한 로마제국을 무력으로 심판하고 온 세계를 지배할 하나님의 제국을 건설하지 않는가라는 유대인들의 의혹에 대한 예수의 답변인 셈이다. 천국은 이스라엘을 강력한 제국으로 세우는 방식으로 오지 않는다. 그것은 피로 제국을 건설해 온 바빌로니아나 로마의 방식일 뿐 하나님의 방식이 아니다. 하나님의 나라는 결코 그렇게 오지 않는다.

하나님의 나라, 즉 천국은 정복이 아니라 유기적인 성장을 통해 세상 속으로 들어온다. 천국은 세상 속에서 성장한다. 천국은 칼 한 자루, 대포 한 문 없이 오직 예수 그리스도의 말씀을 따라 신실하게 살며 그 진리의 말씀을 전파하고 그것을 따라 사는 공동체들을 통해 세상 안에 세워진다. 새로운 질서가 옛 세상 속으로 들어와 전혀 새로운 나라가 창조되고 성장하는 것이다.

처음에는 예수를 따르는 무리가 겨자씨처럼 작았지만 예수의 부활과 함께 예수에 관한 소식이 온 세상에 전파되었다. 한 무리의 유대인으로 시작된 이 운동은 급기야 그리스-로마의 시민들을 끌어들이고 전 유럽으로 확장되었다. 이후 신앙의 자유를 찾아 유럽에서 아메리카로 떠난 그리스도인들은 다시 아시아와 아프리카에 이 복음을 전파했다. 한때 식인종들의 나라, 선교사들의 무덤이라 불렸던 아프리카는 이제 전 세계에서 예수 그리스도를 믿는 신자의 비율이 가장 높은 대륙이 되었다. 그리고 죽의 장막으로 통하며 문화혁명 당시 자국 내 외국인 선교사들을 모두 추방했던 중국은 현재 세계 최대의 그리스도인 인구를 가진 나라가 되었다.

20세기까지만 해도 서구인들의 종교였던 기독교는 이제 세계인의 종교가 되었다. 천국은 온 세계와 모든 민족들을 향해 뻗어 가고 있다. 겨자씨의 꿈이 이루어지고 있는 것이다. 겨자씨가 자란다. 온 세상을 향해 가지를 뻗고 하늘 끝까지 자란다. 바로 이것이 천국의 방식이다.

세상을 변화시키는 것

한편 예수는 천국이 누룩(효모)과 같다고 했다. 동네 잔치를 벌이는 한 여인이 빵을 대접하기 위해 100인분의 반죽을 준비한다. 그런데 그 큰 반죽에 단 한 줌의 누룩이 들어간다. 한 줌의 누룩이면 100인분의 밀가루 반죽이 부풀어 오르는 것이다. 이것은 예수 그리스도를 신실하게 따르는 소수 제자들의 변화된 삶이 세상을 어떻게 변화시키는지를 보여 주는 비유다.

그런데 내가 여기서 '신실하게'라는 부사를 사용한 것에 주의를 기울여 주기 바란다. 세상에는 탐욕 때문에 신앙을 이용하는 이들도 있고 예수 그리스도의 말씀을 오해하는 이들도 많다. 예수는 교회에 다닌다고, 장로나 집사 칭호를 얻는다고 해서 자신의 제자가 되는 건 아니라고 말씀하셨다. 어떤 사람이 진짜 제자인지 아닌지는 열매를 보고 알 수 있다. 예수의 제자는 예수의 열매를 맺기 마련이다. 여기서 핵심은, 신앙이 제대로 기능하기만 한다면 그것은 누룩과 같은 엄청난 효과를 발휘한다는 것이다. 그것이 바로 하나님 나라의 속성이다.

역사적으로 예수 그리스도의 신실한 제자들은 예수 그리스도를 따르는 삶을 통해 세상을 변화시켜 왔다. 로마 시대의 노예 제도는 신실한 그리스도인 지주들이 노예들을 해방시켜 줌으로써 사라지게 되었다. 18세기에는 영국의 신실한 그리스도인이었던 윌리엄 윌버포스가 신앙의 확신에 따라 평생을 바쳐 노예 제도를 폐지했다. 마틴 루터 킹은 해방을 얻고도 여전히 노예처럼 살고 있던 흑인들을 위해 자신의 생을 바쳤다. 동독의 신실한 그리스도인들은 촛불로 베를린 장벽을 무너뜨리는 데 일조했다. 남아프리카공화국의 투투 주교와 넬슨 만델라 같은 신실한 그리스도인들은 기독교 신앙을 따라 '진실과 화해 위원회'를 이끌어 대규모 유혈 사태를 막았다. 2006년 미국 펜실베이니아 주 랭커스터의 아미쉬 공동체는, 학교의 아이들에게 무차별 총격을 가해 5명을 죽이고 5명에게 치명적 상처를 입힌 범인과 그 가족에게 초월적인 용서를 베풀었다.

우리나라의 경우, 복음이 전해진 후 많은 지주가 그리스도인이 되었다. 경기도 강화 땅에 살던 한 그리스도인은 종들의 노비 문서를 불태우고 땅을 나누어 주었다. 부자였던 한 과부는 성경을 읽다가 자신의 죗값을 탕감해 준 하나님을 본받아 자기 여종의 노비 문서를 불태웠다. 하지만 그 여종은 한사코 울면서 떠나지 않겠다고 했고, 결국 그녀는 여종을 딸로 삼았다. 가난하고 굶주리는 자들, 교육받지 못한 이들을 위해 헌신한 이들도 많았다. 신실한 그리스도인들은 전 세계 기아 문제를 해결하기 위한 NGO 단체를 설립하기도 하고, 아시아나 아프리카 오지에서 의료 혜택을 받지 못하는 이들을 위해 병원을 세우기도 했다. 한국의 슈바이처라 불리는 장기려 박사는 가난한 사람들을 진료하고 그들 대신 병원비를 내 주었고, 평생 자기 집 한 칸 소유하지 않은 채 모든 것을 나누며 살았다.

가까운 예로, 최근 우리 교회의 신자들은 노숙자 한 분을 위해 방을 마련해 드렸다. 남자들이 가서 도배를 하고, 여자들은 반찬을 만들어 날랐다. 교회의 한 여성은 여기저기 관공서들을 쫓아다니며 의료보험 혜택도 받을 수 있게 했다. 우리는 그분을 사랑했고, 늘 술과 폭력에 찌들어 있던 그의 삶이 조금씩 변화되기 시작했다. 우리는 그분이 간경화로 돌아가실 때까지 그렇게 그분을 섬겼고, 자기밖에 몰랐던 사람이 우리가 드린 쌀을 다른 노숙자들과 나누는 모습도 보았다. 세상에 대한 증오와 사람들에 대한 미움으로 가득 차 있던 그의 마음이 사랑으로 채워지기 시작했다. 그가 돌아가실 때 수첩에 적은 글은 "기쁨의교회 식구들에게 참으로 고맙습니다"였다.

이런 이야기를 여기에 다 적을 수는 없을 것이다. 어쨌든 천국은, 예수의 삶을 신실하게 따르려 하는 그리스도인들을 통해 세상 속에서 예수의 열매를 맺음으로써 세상을 변혁한다.

궁극적으로 승리하는 것

예수님의 천국 비유 중에는 가라지 비유가 있다. 한 농부가 밭에 좋은 씨를 뿌렸다. 그런데 밀이 싹을 틔우고 자라기 시작할 때 그의 원수가 와서 몰래 가라지를 덧뿌렸고 밀과 가라지가 함께 자라는 상황이 되고 말았다. 일꾼들이 주인에게 묻는다. "가라지를 뽑을까요?" 주인은 말한다. "그냥 두어라." 왜냐하면 지금은 밀과 가라지의 뿌리가 서로 엉겨 붙어 있기 때문이다. 다 자라게 두었다가 추수 때 가라지는 따로 뽑아 묶어 불에 태우고 알곡은 거두어들일 것이다.

이 비유에서 알곡은 천국의 자녀들이고 가라지는 악한 자의 자녀들이다. 비록 가라지들 틈에서 자라지만 알곡은 결국 열매를 맺고야 만다. 가라지 세상에서 살아가는 천국의 자녀들은 많은 유혹을 받고 고난을 당하지만 마지막에 이르러서는 사랑과 정의의 결실을 풍성하게 맺는 나라를 이룰 것이라는 말이다(마태복음 13:26-43). 실제로 사탄은 이 세상 속에서 악한 자들과 그들이 만든 문화를 통해 천국의 자녀들을 공격하고, 고난과 박해를 통해 쓰러지게 한다. 하지만 결국 알곡들이 그 열매를 맺듯이 천국의 자녀들은 모든 유혹과 고난을 이기고 천국의 열매를 결실하게 될 것이다. 천국은 자기 열매를 맺음으로써 궁극적으로 승리한다.

바울에 의하면, 예수의 부활은 천국의 첫 열매다. 그리고 첫 수확은 전면적인 추수를 기대하게 한다. 예수의 부활은 악한 세상에 대한 승리의 첫 열매이므로, 곧 전면적인 승리의 열매들이 맺힐 것이다. 지금은 비록 죄와 죽음 때문에 악취가 나는 세상이지만 하나님은 궁극적으로 이 세상을 바로잡고 새롭게 창조하실 것이다. 악과 죽음은 완벽하게 패배할 것이며 정의는 강물처럼 흐를 것이다. 미움과 증오는 뿌리 뽑히고 사랑은 바다처럼 온 세상을 뒤덮을 것이다. 부활은 그 이루어질 모든 일에 대한 보증이다. 하나님에 의한 새로운 창조가 예수와 더불어 시작되었음을 알리는 '좋은 소식' 즉 복음(福音)인 것이다.

기독교 신학자들은 이와 같은 하나님 나라의 성격을 설명할 때 '이미'와 '아직'이라는 용어를 즐겨 사용한다. '이미'라는 말은 예수 그리스도와 함께 하나님의 나라가 이미 시작되었다는 뜻이고, '아직'이라는 말은 이 땅에서 하나님 나라가 궁극적으로 완성될 시기가 아직은 이르지 않았다는 뜻이다. 제2차 세계대전 당시 노르망디 상류작전은 연합군에게 결정적인 승리를 가져다준 작전이었는데, 이 작전이 개시된 날을 '디데이'(D-day)라 부른다. 그리고 이날의 승리 이후 연합군이 세계대전에서 완전히 승리한 날이 '브이데이'(V-day)다. 신학자들은 이 용어를 차용해서 예수의 부활을 죄와 사망에 대한 결정적인 공격이 시작된 디데이로, 궁극적인 하나님 나라의 승리를 브이데이로 부른다. 디데이는 브이데이를 기대하게 한다. 그러므로 우리는 확신을 가지고 궁극적인 승리의 그날을 기다릴 수 있다.

하나님의 나라가 완전히 승리하는 그날까지 알곡과 가라지는 함께 자랄 것이다. 그러나 언젠가는 반드시 가라지와 알곡의 구별된 운명이 판가름 날 것이다. 장차 정의가 악을 무너뜨릴 것이다. 사랑이 증오를 이길 것이다. 용서가 폭력을 제압할 것이다. 생명이 죽음을 삼킬 것이다. 정의가 불의를 무너뜨릴 것이다. 평화가 전쟁을 끝장낼 것이다. 하지만 지금은 가라지의 세상 속에서 그날이 오기를 고대하며 천국의 열매를 맺어 가야 한다.

하나님이 통치하는 공동체

그리스도인들은 오직 예수만이 하나님이 보내신 만왕의 왕이라 믿었다. 그들의 진정한 왕은 예수 그리스도였다. 그들은 부활하신 예수가 온 세상을 통치한다고 믿었다. 그래서 그들은 세속 왕의 명령과 메시아 예수의 명령이 충돌한다고 느낄 때 예수의 명령에 복종했다. 그들은 세상에 있으나 세상의 질서가 아닌 하늘의 질서를 따라 살려고 했다. C. S. 루이스가 말한 대로 그들은 "다른 북소리에 맞추어" 행진했고, 그 결과 세상과는 전혀 다른 공동체를 탄생시켰다.

초대교회 당시 로마 황제는 카이사르였고, 로마인들은 그들의 황제가 세상에 평화를 가져다준 진정한 왕, 하나님의 아들, 구원자라고 생각했다. 그들이 이룩한 문명과 평화는 폭력에 의한 것이었다. 반면 초대교회 신자들은 그리스도인이라 불렸는데, 이는 '그 왕을 따르는 사람들'이라는 뜻이다. 그들은 예수가 진정한 왕이라고 믿었다. 그들에게 예수는 로마제국과 달리 사랑과 진리로 세상에 평화를 가지고 온 진정한 왕이었던 것이다.

이 왕이 다스리는 나라에서는 모든 것이 뒤집힌다. 도널드 크레이빌의 말을 빌리자면 '위아래가 뒤집힌 왕국'(The Upside-down Kingdom)이다. 예수 그리스도를 왕으로 따르는 진짜 제자들은 왕의 명령을 따라 살 수밖에 없고, 따라서 거꾸로 뒤집힌 세상인 하나님 나라 공동체를 필연적으로 창조한다.

거꾸로 뒤집힌 이 나라에서는 큰 자가 작은 자를 섬긴다.

노예와 주인이 형제가 된다. 주인이 종을 섬긴다.

부자들은 가난한 자들과 한 패가 된다.

백성이 왕을 위해 희생하는 것이 아니라 왕이 백성을 위해 목숨을 버린다.

어른이 아이에게 배운다.

여성이 공동체를 이끈다.

높은 산은 깎여 낮아지고, 낮은 계곡은 평평하게 메워진다.

초대교회는 실제로 그런 천국 공동체를 구현하려 했다. 아리스티데스가 쓴 「호교론」 제15장에 이런 기록이 있다.

노예들에게…권유하여 자기들은 그들을 사랑하고 있으니 그리스도인이 되라고 합니다. 또 과연 그렇게 되면 이 사람들을 차별 없이 형제들이라고 부릅니다.…과부들을 멸시하지 않으며, 고아들을 학대자에게서 해방시킵니다. 가진 사람은 못 가진 사람에게 아쉬움 없이 내어 줍니다. 뜨내기가 눈에 띄면 자기네 집으로 맞이해 들이며 마치 친형제처럼 반깁니다.…또 그들 속에 누군가 가난한 사람이나 궁핍한 사람이 있는데 자기들에게 먹고 남는 것이 없다면, 이틀이나 사흘씩 단식을 하여서 궁핍한 사람에게 필요한 양식을 마련하여 줍니다.

바울은 그리스도 안에서는 남자나 여자, 종이나 주인, 부자나 가난한 자가 없다고 했다. 모두가 그리스도 안에서 하나가 되었다. 그리스도 안에서 그들은 서로를 차별하지 않고 형제, 자매라고 불렀다. 남자와 여자, 부자와 빈자, 종과 주인이 함께 먹고 함께 기도하고 함께 사랑했다. 하나님의 통치가 예수를 따르는 이들의 공동체 속에서 실현되고 있었다.

하나님이 통치할 미래

미래가 불안하다. 에너지 자원은 앞으로 삼사십 년 후면 고갈될 것이다. 우주의 유해한 자외선을 막아 주는 오존층은 북미 대륙만 한 구멍이 생겼다. 세계 제일의 과학 기술 수준을 자랑하던 일본의 핵원자로가 파괴되었고 방사능은 언제 제거될지 알 수 없다. 세계가 보유하고 있는 핵무기들은 언제든지 터질 준비를 하고 있다. 빈부 격차는 시간이 지날수록 크게 벌어지고, 다극화된 세상은 언제 또다시 세계대전을 일으킬지 알 수 없다. 가정은 무너지고 폭력은 그칠

줄을 모른다. 영화 "터미네이터"에서는 암울한 미래가 채 준비되지 못한 현재를 무자비하게 공격해 온다. 인류와 세상의 불안한 미래는 과연 어떻게 될 것인가?

그리스도인들은 예수의 부활에 바로 그 해답이 있다고 믿는다. 예수의 부활이 말하는 것은 세상을 향한 하나님의 계획이 반드시 성취된다는 것이다. 하나님의 그 계획은 메시아 예수와 함께 시작되었고 결국 완성될 것이며, 부활은 그 일에 대한 보증이다. 그렇다면 예수의 부활이 가리키는 미래는 어떤 모습인가?

첫째, 그리스도인들은 예수의 부활이 하나님 나라가 세상 모든 악을 이기고 궁극적으로 승리할 것임을 보여 준다고 믿는다. 아담이 하나님을 버린 직후 하나님이 그들 부부에게 나타나셨는데, 숨어 있는 그들에게 하나님이 하신 말씀은 여인의 후손이 뱀의 머리를 짓밟을 것이라는 약속이었다. 뱀은 악의 근원인 악마, 사탄을 상징하며, 예수의 부활은 여인의 후손이 뱀의 머리를 짓밟을 것이라는 예언의 성취다. 예수의 부활은 하나님에 의해 악의 본거지가 파괴되었음을 뜻한다. 머리가 부서진 뱀은 곧 죽고 말 것이다.

다니엘은 뜨인 돌이신 메시아가 사람들을 억압하고 착취하는 악한 제국을 상징하는 느부갓네살의 황금 신상을 가루로 만들어 버릴 것이라고 예언했다. 하늘의 하나님이 마지막 날에 하나님 나라를 세상에 세우실 것이다. 예수의 부활은 이 예언이 성취되고 있으며 반드시 성취될 것임을 선포한다.

그때가 되면 악은 완전히 패배할 것이다. 하나님으로부터 나오는 빛이 온 세상을 비출 것이다. 사람을 억압하고 착취하는 모든 제국의 질서는 산산조각 날 것이다. 하나님이 이 세상을 새롭게 하실 그 날에는, 하나님이 친히 사람들과 함께 계시며 그들의 눈에서 모든 눈물을 닦아 주실 것이다. 그날에는 다시는 죽음이 없고, 슬픔도 울부짖음도 고통도 없을 것이다. 이전의 모든 악한 것들이 사라져 버리기 때문이다.

둘째, 예수의 부활은 이 세상이 새롭게 창조될 것을 의미한다. 부활하신 예수는 다시 육체를 가지고 이 땅에 나타나셨지만 그 육체는 현재 우리가 속한 이 세상을 위한 것이 아니었다. 물론 부활 후 제자들에게 나타나신 예수는 생선을 구워 제자들과 함께 먹었다. 도마는 예수의 손에 박힌 못 자국과 창에 찔린 허리 흉터를 보고 그가 부활하셨음을 믿었다. 하지만 부활한 그의 육체는 이전과 완전히 동일한 것이 아니었다. 그는 때때로 사방의 문이 다 잠긴 제자들의 모임 장소에 홀연히 나타나 그들을 놀라게 하기도 했다. 제자들과 걸으며 환담을 나누시다가 또 어디론가 사라지기도 했다. 한마디로 그의 몸은 예전과 같은 육체성을 가지고 있으면서도 엄연히 다른 육체였다. 그 몸은 연속성과 단속성을 동시에 가지고 있었다.

이것이 의미하는 바는 예수의 부활하신 몸은 이 세상의 삶을 위한 것이 아니라는 것이다. 그의 몸은 하나님이 창조하실 새 하늘과 새 땅을 위한 것이었다. 우리의 짧은 상상력으로는 도저히 상상할 수 없는 전혀 새로운 세상이다. 그 미래는 현재의 삶과 연속성을 가지면서도 완전히 다를 것이다. 부활하신 예수의 육체가 이 땅에 있었으면서도 전혀 다른 것이었듯이 말이다. 그날에는 하나님의 세상인 하늘과 사람의 세상인 땅이 하나가 된다. 하늘이 땅으로 내려와 서로 입을 맞출 것이다.

그리스도인들이 바라보는 종말은 파괴와 파멸의 날이 아니라 회복과 완성의 날이다. 파괴된 자연은 회복될 것이다. 아마도 몇몇 멸종된 동물들도 볼 수 있을지 모른다. 상상도 해 본 적 없는 하나님의 피조물들과 조우하게 될지도 모른다. 그나저나 베토벤과 바흐의 음악은 그때도 여전히 들을 수 있을까? 아마도 그럴 것이다. 또한 우리는 한 번도 들어 본 적 없는 음악 소리에 맞추어 그 위대한 음악가들과 함께 춤출 수도 있을 것이다.

셋째, 그리스도인들은 예수의 부활이 죽음의 종언을 의미한다고 믿는다. 성경은 예수의 부활이 추수 때의 첫 열매와도 같은 것이라고 했다. 첫 열매들을 추수하고 나면 본격적인 수확이 있다. 예수의 부활이 첫 열매라면 그 후 예수의 나라에 속한 이들도 함께 부활하게 될 것이다. 그리스도인들은 하나님이 창조하신 새로운 하늘과 땅에서, 죽음이 주는 단절을 넘어 영원히 살게 될 것이라고 믿는다.

나는 앞에서 죽음을 분리라고 정의했다. 따라서 영원한 하나님 나라에서 우리가 영원히 누리게 되는 삶의 본질은 바로 사랑으로 맺는 관계다. 그날에는 우리를 갈라놓았던 모든 미움과 증오, 차별과 억압이 자취를 감출 것이다. 그곳에서 우리는 하나님과, 사람들과, 하나님이 창조한 모든 피조물과 사랑으로 연합할 것이다. 그 하나됨의 기쁨이 온 우주에 울려 퍼질 것이다.

이처럼 모두가 꿈꾸는 위대한 미래는, 하나님의 뜻이 하늘에서 이루어진 것처럼 땅에서도 이루어지는 순간이다. 불의와 착취로 고통받는 사람들의 눈에 흐르는 모든 눈물을 닦아 주시며, 다시는 죽음이 없고 슬픔도 울부짖음도 고통도 없을 것이다. 하나님이 통치하신다. 그리스도인들은 바로 이 사실에 희망이 있다고 믿는다. 그리스도인들에게 종말은 하나님의 정의가 완전하게 성취되는 날이다. 세상의 궁극적 파멸이 아니라 새로운 세상의 시작이다. 이 일을 하나님이 이루실 것이다.

8 십자가를 따라서

장신구로 많이 사용되는 십자가는 원래 죄수를 묶어 놓고 채찍질하는 고문 형틀이었다. 서기 1세기 이후에는 고대 로마에 의해 주로 제국에 반란을 일으킨 정치범이나 탈영병을 사형시키는 틀로 사용되었다. 십자가형이 확정된 죄수들은 잔인한 채찍질을 당한 후 그 십자가를 지고 사형장으로 끌려갔다. 형을 집행하는 이들은 사형수들의 옷을 모두 벗기고 손목과 발뒤꿈치에 대못을 박아 십자가에 고정시켰다. 사형수들은 탈수와 극심한 고통 속에서 혼절했고 서서히 죽어갔다.

그런데 이토록 끔찍한 고문과 처형의 상징이었던 그 십자가가, 예수가 십자가에서 처형된 이후 돌연 구원의 상징이 되었다. 예수를 따르는 그리스도인들은 그분의 죽음이 자신에게 구원을 가져다주었다고 믿는다. 그리스도인들이 믿기에 예수의 십자가는 하나님 나라로 들어갈 수 있는 유일한 길이다. 도저히 상식적으로 납득하기 힘든 이야기 아닌가. 이제, 지금까지 하나님 나라 이야기를 해 오면서 계속 미루어 두었던 그 납득하기 힘든 이야기를 자세히 살펴볼 차례가 되었다. 도대체 어떻게 예수의 십자가가 우리를 구원할 수 있다는 말인가? 그리고 어떻게 그것이 인류 전체를 위한 구원의 길이 될 수 있는가?

하나님 나라로 들어가는 길

성경은 죄가 하나님과 우리 사이를 갈라놓았다고 말한다. 우리는 하나님께 반역함으로써 하나님과 적이 되었고 삶에서 하나님을 몰아냈다. 하나님의 뜻을 거역한 인간에게 이후 일어난 일들의 수순은 사실 무척 자연스러운 것이다. 하나님을 버리고 자아숭배에 빠진 우리는 하나님이 창조하신 세상을 엉망진창으로 만들어 버렸다. 세상은 사람들이 저지르는 흉측한 악으로 더러워졌고 자연은 처참하게 파괴되었다. 그리고 정의로운 하나님은 불의한 우리의 적이 되실 수밖에 없다. 로마서에 따르면 우리는 '하나님의 진노'의 대상이 되었다.

사실, 하나님이 정의롭다는 것은 매우 바람직한 일이다. 불의한 하나님을 원하는 이가 어디 있겠는가? 하나님이 불의하다면 희망은 없다. 신이 악랄한 독재자를 지지하고, 특정 인종을 차별하며, 가난한 자를 누르고 착취하는 나쁜 부자들의 편이라면 어찌 되겠는가? 희망이 없을 것이다. 신은 선해야만 하고 또 정의로워야만 한다.

길이 없다

하나님은 의로운 왕이시다. 하나님이 사람의 범죄를 묵과할 수 없는 이유는 그가 이 세상을 지은 창조주이며 그리하여 온 세상에 정의로운 통치를 실현해야 할 왕이기 때문이다. 의로운 왕은 '공의'라는 분명한 기준을 가지고 세상을 다스리고 재판해야 한다. 그가 정의의 신이라면 악을 결코 용납하지 않을 것이다. 우리는 여기서 박수를 쳐야만 한다. 그것이 우리가 바라던 바가 아니던가? 정의의 이름으로 오시는 신이여, 이 세상의 모든 악인을 처벌하소서!

하지만 박수와 환호성은 곧 비명으로 바뀔 것이다. 우리 중에 의로운 자가 아무도 없기 때문이다. 정의로운 하나님의 불꽃 같은 눈은 우리의 은밀한 행위와 은폐된 동기를 모두 간파하신다. 그래서 결국 우리 모두가 처벌 대상이 되고 만다. 이사야는 이렇게 탄식했다. "우리는 모두 부정한 자와 같고 우리의 모든 의는 더러운 옷과 같습니다. 우리는 모두 나뭇잎처럼 시들었으니, 우리의 죄악이 바람처럼 우리를 휘몰아 갑니다"(이사야 64:6).

순진한 아이들은 좀 다를까? 때 묻지 않은 아이들은 그래도 선하다고 할 수 있지 않을까? 흔히 '천사 같은 아이들'이라는 말을 쓴다. 실제로 아이들이 천사일 때가 있다. 바로 잘 때다. 자는 아이들의 모습을 보노라면 영락없는 천사의 강림이다. 그러나 '미운 세 살', '죽이고 싶은 일곱 살'이라는 우스갯소리가 괜히 나왔겠는가? 아이들은 가르쳐 주지 않아도 거짓말을 할 줄 알고, 제 잘못을 오빠에게 뒤집어씌우고 오히려 희생양인 양 "오빠가 그랬어"라며 악어의 눈물을 흘릴 줄 안다.

성경은 모든 사람이 죄를 지어 하나님의 영광에 이르지 못하며(로마서 3:23), 우리의 마음은 만물보다 더 거짓되고 완전히 썩었다고 진단한다(예레미야 17:9). 그리고 이런 마음에서 나오는 것들이 우리를 더럽힌다. 나쁜 생각은 사람의 마음에서 나오는데 곧 음행과 도둑질, 살인, 간음, 탐욕, 악의, 사기, 방탕, 악한 시선, 모독, 교만, 어리석음 같은 것들이다. 이런 악한 것이 모두 내면에서 나와 사람을 더럽힌다(마가복음 7:20-23). 우리는 공의로운 하나님의 진노를 피할 수 없다.

이런 공의로운 하나님 앞에 설 수 있는 것은 오직 의인뿐이다. 죄인은 공의로운 하나님 앞에서 오직 처벌만을 기다릴 뿐이다. 어둠은 빛 앞에 설 수 없다. 어둠이 빛 앞에 있으면 결국 소멸될 뿐이니까. 절망이다. 하나님이 선하고 정의로운 분이라는 사실이 죄인인 우리에게는 도리어 절망이다. 의로운 이가 구원을 얻고 완전무결하게 선한 사람만이 하나님 나라에 들어갈 수 있다면, 희망은 없다.

길이 있다!

이렇듯 인간은 도저히 스스로 자기 죄를 청산할 능력이 없다. 그래서 하나님이 길을 내셨다. 예수가 인간의 속죄를 위한 제물이 되신 것이다. 하나님의 아들이신 예수가 인간의 모든 악을 짊어지고 십자가에서 자기 목숨을 바쳤다. 그가 우리의 죄를 대신해 죽으셨다.

모든 사람이 죄를 범하였습니다. 그래서 사람은 하나님의 영광에 못 미치는 처지에 놓여 있습니다. 그러나 사람은 그리스도 예수 안에서 얻는 구원으로 말미암아, 하나님의 은혜로 값없이 의롭다는 선고를 받습니다. 하나님께서는 이 예수를 속죄제물로 내주셨습니다. 그것은 그의 피를 믿을 때에 유효합니다. 하나님께서 이렇게 하신 것은, 사람들이 이제까지 지은 죄를 너

그렇게 보아주심으로써 자기의 의를 나타내시려는 것이었습니다. (로마서 3:23-25)

죗값을 하나님의 아들이신 예수가 대신 치렀고, 그와 함께 우리는 무죄가 되었다. 예수의 십자가는 하나님과 우리 사이의 막힌 담을 허물어, 하나님과 다시 하나가 되게 했다.

이쯤에서, 예수의 죽음 하나로 어떻게 모든 죄인의 죗값을 치를 수 있느냐고 반문할지 모르겠다. 하지만 기억하자. 예수 그리스도는 하나님이 부활시키신 하나님의 아들, 즉 하나님이라는 것을. 그의 죽음이 전 인류를 위한 죽음이 될 수 있는 것은 그의 생명이 바로 하나님의 생명이기 때문이다. 한 인간의 생명과 실험용 생쥐 몇 마리를 바꿀 수 있을까? 모든 생명의 가치는 똑같다고 말하는 사람들도, 누군가가 쥐 한 마리를 살리기 위해 당신의 딸이 죽어도 큰 손해가 아니라고 말한다면 결코 그를 용납하지 못할 것이다. 성경적 관점에서는 동물의 생명과 사람의 생명은 그 가치를 비교할 수조차 없다. 하물며 하나님 아들의 생명이랴! 하나님 아들의 생명의 가치는 우리의 모든 죗값을 지불하고도 남음 직하지 않겠는가?

예수는 인류의 죄와 악을 짊어지고 우리를 위해 십자가에서 자기 목숨을 남김 없이 부어 주셨다. 그의 죽음이 우리에게 생명을 주었고, 그로 인해 우리의 모든 형량이 치러졌다. 그렇게 무죄 판결을 받은 우리는 비로소 천국에 들어갈 '의'를 얻는다. 예수가 십자가에서 흘린 피 때문에, 우리의 모습이 어떠하든 우리 죄가 얼마나 크든 상관없이 하나님은 우리를 용서하고 용납할 수 있게 되었다. 예수가 우리를 위해 죽으셔서 우리와 하나님 사이의 넘을 수 없는 장벽이 허물어졌다. 예수가 우리를 위한 속죄제물이 되어 죽으신 그 십자가는 이런 식으로 하나님께로 가는 길이 되었다.

악에 승리하는 길

십자가는 악에 대한 하나님의 승리다. 예수의 십자가는 무력함의 상징이 아니라, 폭력이 지배하는 세상을 하나님이 어떻게 전복시키는지를 보여 주는 사건이다. 또한 우리는 십자가를 통해 하나님이 세상에서 세우고자 하는 나라가 어떤 나라인지를 볼 수 있다. 십자가는 하나님의 통치 방식을 보여 준다. 그것은 어떻게 사탄이 지배하는 악한 세상을 전복시키고 이 땅에서 새로운 질서를 만들어 가는가?

악이 저지르는 폭력을 폭로하다

제국의 평화는 폭력을 통해 세워진다. 이 제국은 국가 혹은 기업일 수도 있고 가부장의 폭력에 시달리는 어느 역기능 가정일 수도 있다. 폭력에 기반한 모든 인간 공동체는 크든 작든 제국의 모습과 닮았다. 모든 제국은 폭력에 희생된 사람들의 피를 밟고 건설된다.

어디서든 승리한 가해자들은 가해자의 관점에서 역사를 가공한다. 가해자들은 희생자들에게 책임을 전가하고, 지어낸 이야기를 통해 희생자에게 가한 폭력을 정당화한다. 그리고 그 이야기는 그들의 세상을 지배하는 신화가 된다. 그 신화를 통해 희생자의 희생은 은폐되고 가해자의 악행은 상식으로 탈바꿈한다. 역기능 가정에서 그것은 "너희 아빠가 술을 드시고 폭력을 행사하는 것은 막내 때문이야"라는 말과 같은 것이고, 자본주의 사회에서 그것은 "소비를 많이 하는 사람이 더 행복한 사람"이라는 기업 광고이며, 독재 국가에서 그것은 "무자비한 적들이 지금 쳐들어온다"와 같은 선전이다.

이 폭력의 정당화가 깨어지기 위해서는 먼저 폭력을 통해 세워진 제국의 거짓 평화가 폭로되어야 한다. 복음서의 십자가 이야기는 제국의 이러한 거짓 평화를 폭로한다. 복음서는 다수 가해자들의 관점을 거부한다. 르네 지라르는 복음서의 십자가 이야기가 가해자가 아닌 희생양의 관점에서 기록된 유일한 책이라고 말한다. 십자가는 희생양에게 가해진 가해자들의 불의한 폭력을 불의한 것이라 폭로한다. 이 불의가 폭로된 이상, 제국들은 다시는 자신의 폭력을 정당화할 수 없다.

예수를 죽이기 위해 동원된 모든 명분들, 즉 신성모독죄, 반란죄, 사회 질서를 파괴한 죄 등은 자신들의 권력 구조를 유지하기 위해 동원된 거짓이었음이 만천하에 드러났다. 십자가는 거짓과 기만으로 세상을 지배하려 했던 사탄의 본심을 만천하에 드러냈다. 십자가로 인해 세상을 지탱해 오던 희생양 기제는 폭로되었다. 사탄은 더 이상 과거의 전술을 효과적으로 사용할 수 없게 된 것이다. 십자가는 거짓된 평화를 지탱하던 제국의 신화를 무너뜨렸다.

악을 무력화하다

십자가는 폭력의 악순환을 끊음으로써 악을 무장해제한다. 십자가는 폭력을 가하는 가해자를 용서하고 끌어안는 방식으로 폭력의 악순환을 끊어 버린다.

폭력은 폭력을 맞받아치는 것으로 증폭된다. 피해자들이 힘을 얻으면 자신의 가해자에게 더 끔찍한 폭력을 행사한다. 예를 들면,

내전 중 적에게 강간을 당한 어머니는 어린 자식에게 말한다. "아들아, 똑똑히 보거라. 이 어미가 당한 치욕과 고통을…. 그리고 너는 힘을 길러 그것의 천 배 만 배를 갚아 주어야 한다." 그리고 성인이 된 아들은 더한 보복을 감행한다. 피해자는 더 악랄한 가해자가 되고 한때 가해자였던 자의 아들은 더 큰 폭력의 피해자가 된다. 이렇게 해서 폭력은 상승한다. 순수한 피해자도, 순수한 가해자도 없어지고 결국 모두가 악인이 된다. 세르비아인들의 침공으로 인종청소를 겪은 크로아티아 출신의 저명한 신학자 미로슬라브 볼프는 자신의 경험을 그의 책 「배제와 포용」(IVP)에서 이렇게 적었다. "나는 억압당하는 크로아티아의 얼굴에서 우리가 경멸하던 세르비아의 특징을 발견하지 않았던가?"

하지만 예수님은 폭력 대신 비폭력을 선택하셨다. 더 나아가 자신을 살해하려는 자들을 용서해 달라고 하나님께 간청한다. 용서는 악의 순환 고리를 끊어 낸다. 폭력의 재생산을 막음으로써 악을 무장해제한다. 이것이 앞에서 언급했던 투투 주교와 넬슨 만델라가 남아프리카공화국에서 '진실과 화해 위원회'를 통해 이루어 낸 일이다. 또한 미국의 아미쉬 공동체가 그들의 딸들을 살해한 사람을 용서하고 그의 가족을 돌보았을 때 일어난 일이다.

사탄은 증오와 폭력을 통해 세상을 영구적으로 악의 지배 속에 가두고자 했지만 예수는 십자가에서 자신을 향해 쏟아지는 모든 악과 폭력을 끌어안아 죽음으로 끌고 들어가셨고, 그것으로 악의 지배는 끝났다. 십자가가 칼을 이겼다. 십자가에서 흘러내린 피가 증오와 폭력의 화염을 사그라뜨렸다. 십자가에서 악은 더 이상 효력을 발휘할 수 없다. 폭력의 악순환은 깨졌다.

이것이 바로 십자가에 달리신 예수에게서 드러난 하나님의 본성이다. 예수는 십자가에서 자신을 조롱하고 침 뱉고 죽이려는 자들을 위해 "저들이 하는 일을 알지 못하니 용서해 주소서"라고 기도했다. 예수는 십자가 죽음을 통해, 악이 지배하는 세상 속으로 용서와 사랑의 통치를 가져왔다. 그리고 십자가에서 용서받은 우리 역시 자신에게 죄지은 자를 용서한다. 이런 식으로 악과 폭력이 지배하던 세상에 사랑과 용서의 새로운 질서가 창조된다. 사탄은 폭력의 재생산을 통해 인간을 악의 지배에 묶어 두려 했지만 십자가에서 흘린 피로 용서받은 죄인들은 서로를 용서함으로 해방을 얻은 것이다.

악의 지배의 종언을 알리다

예수는 십자가 위에서 숨이 끊어지기 직전에 "다 이루었다"고 선포하셨다. 사탄은 예수가 십자가에서 끝장났다고 생각했겠지만 정작 끝장난 것은 사탄의 제국이었다. 폭력과 기만으로 유지되는 제국의 지배는 이제 끝났다. '다 이루었다'는 선포는 이제 십자가의 사랑의 질서가 세상으로 들어오기 시작했으며 결국은 온 세상을 통치하리라는 승리의 외침이었다. 물론 완전히 패배한 것은 아니었지만 십자가에서 악은 결정타를 맞았다. 머리가 짓이겨진 악은 몸통을 뒤틀고 몸부림을 치고 결국 죽을 것이다. 예수 그리스도와 함께 시작된 이 하나님의 통치는 결국 악을 완전히 패배시키고 완전한 하나님의 나라를 세울 것이다.

십자가는 예수가 우리를 어떻게 통치하기 시작하셨는지를 보여 주는 사건이다. 극심한 갈증과 고통 속에서 마지막 숨을 몰아쉬면서도 예수는 하나님께 악인들을 용서해 달라고 기도하셨다. 그의 기도를 통해 드러난 하나님의 나라는 구원과 용서에 의해 통치되는 나라였다. 이 나라의 왕은 자신을 죽이는 백성들을 위해 기도하는 사랑의 왕이다. 정녕 하나님의 나라는 타인을 위해 자기를 희생하는 사랑의 나라다.

십자가가 어떤 방식으로 악의 지배를 종식시키는지, 한 사례를 살펴보도록 하자. 1569년 어느 겨울, 신앙 때문에 갇혀 있던 더크 윌

렘스라는 그리스도인이 감옥에서 탈출했다. 그는 얇게 얼어붙은 강을 가로질러 뒤따라오는 무리들의 추격을 가까스로 피했다. 강을 건넌 후 뒤돌아보니 자신을 추격하던 간수가 얼음이 깨지는 바람에 강물에 빠져 버렸다. 이런 상황에서 그를 구하러 곁으로 간다면 함께 강에 빠져 버릴 것이다. 당신이라면 어떻게 할 것인가? 그는 모든 위험을 무릅쓰고 되돌아가 얼음에 빠진 그를 건져 주었다. 그리고 그를 뒤쫓던 이들에게 붙잡혀 결국 화형당했다. 자신을 추격해 오는 원수의 곤경을 도저히 외면할 수 없었던 그는 예수 그리스도의 모범을 따라, 예수가 십자가에서 보여 준 사랑을 실천했다. 그는 이기심의 노예, 복수와 폭력의 노예가 되기를 거부함으로써 악의 지배를 종식시켰던 것이다.

예수의 십자가는 폭력과 기만으로 작동하는 세상과는 다른 삶을 창조했다. 이 삶은 사랑과 섬김과 희생으로 통치되는 하나님 나라의 삶이다. 십자가는 악의 지배를 끝내고 하나님의 사랑과 용서의 지배를 받는 하나님 나라를 출범시켰다. 악의 머리는 짓밟혔다. 십자가의 질서가 세상 속으로 들어와 새로운 세상이 시작된 것이다.

하나님 나라 공동체를 이루는 길

마지막으로, 십자가는 하나님 나라의 통치 원리다. 초대교회는 예수를 따르는 그들의 공동체가 하나님의 통치를 구현하는 곳이라고 믿었다. 메시아 예수는 그들을 세상의 빛과 소금이라고 불렀고, 그들 또한 그들 안에서 천국이 이루어졌다고 가르쳤고 또 그렇게 살았다. 그들은 자신들이 하나님의 통치를 받는 하나님의 백성이라는 사실을 온 세상에 드러내 보여 주어야 했다. 그리고 이와 같은 예수 공동체를 지탱하는 가장 핵심적인 규범이 바로 십자가의 원리였다. 하나님 나라 백성들이 살아내야 할 새로운 삶의 질서였던 이 원리는 그들을 세상과 구별해 주는 매우 독특한 요소였다. 신약 성경을 잘 읽어 보면 십자가의 통치 원리는 다음 세 가지 특성을 가진 공동체를 새롭게 창조하고 있음을 알 수 있다.

서로 종이 되는 공동체

예수가 십자가를 지신 것은 서로 종이 되는 공동체를 세상에 세우기 위해서였다. 이사야의 메시아 예언에 따르면, 그는 하나님의 통치를 실현할 왕인 동시에 많은 사람을 섬기기 위해 고난을 받는 종이다(이사야 9:1-7과 53:1-12를 비교해 보라). 그는 통치하는 왕이자 섬기는 종이다. 그렇다. 십자가는 많은 사람을 살리기 위해 목숨을 버리는 종의 사명과, 세상의 폭력과 억압의 지배 질서를 전복하고 사랑과 섬김의 새로운 나라를 건설하는 메시아의 사명을 동시에 성취한다.

메시아 예수는 많은 사람을 살리기 위해 십자가를 지셨다. 그가 자기 생명을 십자가에서 내려놓은 것은 사랑과 섬김이 지배하는 하나님 나라의 공동체를 세우기 위해서였다. 하지만 예수의 제자들은 항상 누가 더 대단한 사람인지를 두고 다투었다. 예수께서 잡히시기 전날에도 그들은 누가 더 큰 자인가를 놓고 싸웠다. 하지만 예수는 그 와중에도 허리에 수건을 두르시고는 제자들의 발을 씻어 주기 시작하셨다. 요즘이야 대학 교수들이 학생들의 발을 씻어 주는 세족식 장면을 자주 볼 수 있고, 남편이 아내의 발을 씻어 주기도 한다. 하지만 예수가 살던 당시에는 노예도 주인의 발을 씻어 주는 경우가 없었다. 그러니 스승이 제자의 발을 씻는다는 것은 가히 상상을 불허하는 일이었다. 노예도 하지 않는 그 천한 일을 모두 마친 후에 예수가 말씀하셨다. "선생인 내가 너희 발을 씻어 주었으니 너희도 서로의 발을 씻어 주어라." 서로를 위한 종이 되라. 세상에 서로를 위해 종이 되는 사회 즉 하나님 나라의 공동체를 세우라는 것이다.

이후에는 사도들도 예수의 사명을 계승했다. 바울은 빌립보 교회에서 다투고 있는 두 지도자에게 종의 마음을 가지라고 권면한다. 그 마음은 바로 그리스도 예수의 마음이다. 그분은 하나님이셨지만 자기를 비워 종의 모습을 하고 사람과 같이 되셨다. 자기를 낮추고 심지어 십자가에 죽을 정도로 순종하셨다(빌립보서 2:5-8). 그러므로 우리도 서로를 위한 종이 되어 그리스도의 법을 성취해야 한다는 것이다. 그리스도의 법이 지배하는 섬김의 공동체를 세우라.

서로 용서하는 평화의 공동체

둘째로, 예수가 십자가에서 죽으신 목적은 서로를 용서함으로써 참된 평화의 공동체를 세상에 세우는 데 있었다. 당시 로마의 평화는 폭력과 기만에 의한 거짓된 평화였다. 사람들은 로마 황제가 세상에 평화를 가져온 하나님의 아들 구세주라고 칭송했지만 그 평화는 폭력이라는 궁여지책으로 겨우 생존해 있을 뿐이었다. 작은 폭력들을 제압하는 더 큰 폭력에 의한 평화는 악의 지배를 영속화할 뿐이다.

하지만 예수의 십자가는 하나님과 우리 사이의 평화, 너와 나 사이의 평화, 그리고 내 안에서 나와 갈등하는 수많은 나와의 평화를 가져다주었다. 우선, 예수의 십자가로 인해 하나님이 우리를 용서할 수 있게 되었다. 그리고 십자가를 통해 우리 또한 그를 용서할 수 있게 된다. 이해할 수 없는 수많은 상처로 고통받는 우리는 사실 하나님을 쉽게 용서할 수 없었다. '하나님은 내가 아플 때 어디 계셨어요?' 하지만 십자가에서 피 흘리시는 하나님의 얼굴을 보면 하나님의 사랑이 정말로 믿을 만한 것임을 알게 된다. 사랑하지 않고서야 그렇게 죽을 수는 없는 일이기 때문이다. 그렇게 하나님과 우리 사이에 평화가 이루어진다.

그리고 더 나아가, 나와 너 사이에 평화가 수립된다. 나를 용서하기 위해 뿌려진 예수의 피는 내게 상처 입힌 사람을 용서하는 힘이 된다. 나를 사랑한 나머지 나를 위해 죽으신 그 놀라운 사랑 때문에 나에게 죄지은 자를 용서할 수 있는 것이다. 그와 같은 용서를 가능하게 만드는 십자가의 중요한 매커니즘은, 우리 모두가 피해자이지만 동시에 가해자이기도 하다는 점을 드러내는 것이다. 우리는 자신을 누군가가 저지른 폭력의 희생양으로만 여기는 경향이 있지만, 십자가 앞에서는 결코 자신의 무죄를 주장할 수 없다. 우리는 하나님의 아들 예수를 십자가에 못 박아 죽인 죄인이기 때문이다. 그런 엄청난 죄를 짓고도 용서받았다면, 내게 상대적으로 더 작은 죄를 지은 사람을 용서하지 못할 이유가 없다. 천조 원의 부채를 탕감받았는데 까짓 돈 십만 원이야 안 받아도 그만 아니겠는가.

한편, 십자가의 사랑으로 나와 나 사이에도 평화가 찾아왔다. 내 안에는 수많은 '나'가 있는데, 우리는 도무지 그 '나'들과 화해할 수 없었다. 우리는 내 안에서 나를 늘 곤경에 빠뜨리고 실수하게 하며 사람들 앞에서 망신을 주는 나를 용서할 수 없었다. 또 그렇게 넘어진 나를 잔인하게 짓밟고 독한 말을 해 대는 또 다른 나도 싫었다. 그러나 이제 십자가가 내 안의 화해를 이루었다. 주님이 나를 용서하셨으므로 나도 이제 나를 용서할 수 있게 된 것이다. 십자가 안에서, 늘 넘어지는 나와 넘어진 나를 잔인하게 공격해 대는 내가 화해한다. 십자가의 사랑은 '괜찮아, 다시 시작하면 돼'라고 말하며 나를 위로한다.

세상은 비용서와 비은혜의 세계다. 말이 너무 많아 싫고, 말이 너무 없어 어렵다. 능력이 없어도 용서가 안 되고, 너무 잘나도 용서가 안 된다. 첫 인상이 나빠도 가까이할 수 없고, 또 너무 기생오라비같이 생긴 것도 싫다. 이 세상에는 용서 못할 일 천지다. 우리는 용서하지 못하고 또 용서받지 못한다. 이것이 사람들과 함께 있어도 외로운 이유다. 이렇듯 비용서와 비은혜의 세계는 구원이 절실하다. 그런 가운데 예수의 십자가는 용서로 말미암은 진정한 평화의 공동체를 세상에 세운다. 이 평화는 비용서와 비은혜의 세계를 위한 구원이다. 이 공동체 안에서는 잔뜩 졸라맨 허리띠를 풀고 비로소 자기 본연의 모습을 드러낼 수 있다. 십자가의 공동체에서는 가면을 쓰고 다닐 필요가 없다. 있는 모습 그대로 사랑받을 수 있기 때문이다. 사랑받기 위해 아픈 척, 강한 척, 약한 척, 잘난 척, 척, 척할 필요도 없어진다.

예수는 "우리가 우리에게 죄지은 자를 용서해 준 것같이 우리 죄를 용서해 주소서"라고 기도하라 가르쳤다. 예수의 공동체는 용서하는 공동체이기 때문이다. 실제로 예수의 십자가는 경멸과 적대감으로 가득 차 있던 로마인과 유대인의 막힌 담을 허물고 서로를 생명같이 사랑하는 하나의 공동체를 만들어 냈다. 그들은 서로를 형제라 불렀으며 한 상에서 먹었다. 누가 아프면 종족을 불문하고 찾아가 보았고, 부모가 죽으면 아이를 거두어 양자로 삼았다. 감옥에 갇힌 이의 가족들을 제 식구처럼 돌보았다. 십자가는 용서를 통해 진정한 구원과 평화의 공동체를 세상에 선사한다.

서로 사랑하는 나눔의 공동체

마지막으로, 예수가 십자가에서 죽으신 목적은 생명까지도 나누어 주신 예수의 본을 따르는 나눔의 공동체를 세우는 것이었다. 예수는 우리를 위해 십자가에서 자기 전부를 내어 주셨다. 따라서 우리도 그가 우리를 사랑하신 것처럼 서로 사랑해야 한다. 예수는 자신이 제자들을 사랑한 것같이 서로 사랑하며 가진 것을 나누는 사랑의 공동체를 세우려 했다. 예수의 가장 사랑받는 제자였던 요한은 이렇게 말했다.

> 그리스도께서 우리를 위하여 자기 목숨을 버리셨습니다. 이것으로 우리가 사랑을 알게 되었습니다. 그러므로 우리도 형제자매를 위하여 목숨을 버리는 것이 마땅합니다. 누구든지 세상 재물을 가지고 있으면서 자기 형제자매의 궁핍함을 보고도 마음 문을 닫고 도와주지 않으면, 어떻게 하나님의 사랑이 그 사람 속에 머물겠습니까? 자녀 된 이 여러분, 우리는 말이나 혀로 사랑하지 말고 행동과 진실함으로 사랑합시다. (요한일서 3:16-18)

예수가 십자가에서 자기 목숨을 버린 행위는 이제 그를 따르는 제자들의 몫이 된다. 십자가의 도를 따라 우리도 형제자매를 위해 목숨까지 버리는 것이 마땅하다. 예수의 본을 따라 목숨까지 버리는 것이 당연한 일이라면, 어찌 부를 소유하고도 곤경에 빠진 형제자매들을 돕지 않을 수 있겠는가?

자연히 예수의 십자가는 더 많은 것을 소유하기 위해 혈안이 된 세상 안에서 나눔의 공동체를 만들어 냈다. 예루살렘의 신자들은 거처가 필요한 이들을 위해 가정을 개방하기도 했고, 궁핍한 처지에 있는 사람들을 위해 자신의 소유를 나누었다. 그 결과 놀랍게도 그 공동체 안에 가난한 자가 없어졌다! 그들은 메시아가 다시 오셔서 세우실 하나님의 통치가 자신들을 통해 성취되고 있음을 알았다. 하나님이 율법을 통해 말씀하시고 메시아를 통해 이루겠다고 약속하신 분배의 정의가 그들 공동체를 통해 실현되었다. 그들은 나눔을 통해 하나님 나라의 질서를 구현하고 있었던 것이다.

그리스도의 십자가가 구원이 되는 이유는 탐욕이 지배하는 세상으로부터 우리를 해방하기 때문이다. 탐욕의 지배 하에서는 결코 우리가 진정으로 원하는 것들을 얻을 수 없다. 사람들이 그렇게도 돈을 벌려고 하는 이유는 소비함으로써 행복해지기 위해서다. 행복한 사람이란 원하는 물건을 구매할 수 있는 사람이다. 원하는 물건을 살 수 없는 사람은 불행하다. 원하는 것을 사라. 행복해질 것이다. 그 어느 시대보다 많은 것을 소비하는 우리는 이전보다 더 행복해졌을까?

어쩌면 우리가 가지고 싶어 하는 것은 기업들이 팔고 싶어 하는 것일지도 모른다. 그들은 제공하고 싶은 물건이 우리의 진정한 욕망을 채울 수 있다고 속임으로써 우리의 욕망을 통제하는 전문가들이다. 기업의 광고 카피들을 조금 번역해 보자면 이렇다. "이 자동차는 인생의 동반자가 되어 줄 것입니다." "이 보험으로 당신의 미래는 안전할 것입니다." "이 아파트는 당신의 가족에게 행복을 선사할 것입니다." "이 커피를 마시면 당신은 우아하고 세련된 사람이 될 것입니다." 하지만 자동차는 진정한 동반자가 될 수 없고, 보험이 결코 안전한 공동체를 제공할 수 없으며, 건물이 가족을 행복하게 하지 못한다. 커피를 마신다고 우아한 사람이 되는 것은 아니다.

우리가 진정으로 가지고 싶은 것은 함께 나눌 우정, 노후의 나를 돌보아 줄 안전한 공동체, 식탁에 둘러앉아 담소를 나눌 수 있는 따뜻한 가족, 사람들에게 받는 인정과 존경이다. 소비주의 행복의 맹점은 끝없이 새로운 것을 소비해야만 그 행복을 유지할 수 있다는 점이다. 질릴 때쯤 되면 바꾸어야 한다. 또 남들보다 먼저, 더 빨리 소비함으로 유행을 선도할 때 그 행복은 유지될 수 있다. 그러자면 악착같이 벌어야 한다. 정확히 그런 메커니즘을 통해 우리는 소비에 중독된다. 막상 진정으로 원하는 것은 얻지 못한 채, 그저 소비하기 위해 사는 지경에 이르는 것이다. 소비주의 사회는 구원이 필요하다.

이런 가운데 예수의 십자가는 나눔의 공동체를 창조한다. 이 나눔의 공동체는 우리가 진정으로 원했던 그것을 줄 수 있다. 바로 사랑과 돌봄, 존중, 안전, 즐거움과 같은 것들이다. 그리스도의 십자가는 탐욕이 지배하는 세상에서 자기 목숨을 바쳐 서로 사랑하는 나눔의 공동체를 세운다. 이 공동체는 탐욕의 세상을 위한 구원이 된다.

따라서 예수의 십자가는 무력하게 죽을 수밖에 없었던 힘없는 자의 희생이 아니었다. 예수의 십자가는 고통에 빠진 이 세상을 버려둔 채 단지 죽은 이후에 올라갈 권리를 얻는 천국행 티켓도 아니다. 한마디로 예수의 십자가는 실패가 아니다. 예수의 십자가는 갈등하고 반목하는 하나님과 나, 우리와 그들, 내 안의 나들의 참된 평화를 이룬 하나님의 능력이며, 폭력과 악이 지배하는 세상에 대해 사랑과 용서의 하나님 나라가 이룬 궁극적인 승리이자, 깨어진 세상의 회복을 위해 새로운 질서를 따르는 하나님 나라 백성을 창조하는 길이다.

기로에서

일곱 살짜리 아들이 유치원에서 친구 딱지 하나를 훔쳐 왔다. 그냥 갖고 싶어서 친구에게 말도 안 하고 주머니 속에 몰래 숨겨 온 것이다. 게다가 아들은 친구가 선물로 준 것이라며 아주 명랑한 얼굴로 엄마에게 거짓말까지 했다. 하지만 아이 셋을 키우는 전문가 엄마의 눈은 결코 속일 수 없다. 퇴근해 집에 가니 아내가 심각한 얼굴로 조용히 말한다. "우리 아들이 다른 아이 딱지를 몰래 가지고 왔어요."

고민이 시작되었다. '뭐, 딱지 한 장인데…그냥 눈감아 줄까? 아니야, 바늘도둑이 소도둑 된다는데 이번에 안 잡으면 습관이 될지도 몰라.' 그날 밤 잠을 설쳤다. 아침 일찍 아들을 깨웠다. 평소와 다른 분위기를 눈치챘는지 아들의 눈빛이 불안하다. "가서 세수하고 와!" 평소 같았으면 이불 속에서 뭉기적거렸을 테지만 얼른 일어나 바로 씻고 온다. '매를 들어야 하나, 말로 타일러야 하나…' 지난번에도 비슷한 일이 있었으니 그냥 넘어갈 수는 없다. 밤새도록 고민한 끝에 매를 들어야겠다고 굳게 결심했다.

아이에게 매를 드는 일은 생각보다 어렵다. 나는 평소보다 조금 더 세게 그리고 조금 더 많이 때렸다. 닭똥 같은 눈물이 아들의 애처로운 얼굴 위로 마구 굴러 떨어지고 있었다. 가슴이 아팠다. 내 눈에도 눈물이 고였다. 내 마음도 약해졌다. 그러나 나는 아들을 사랑한다. 약해지면 안 된다. 앞으로 다시는 이런 일이 없도록 기억에 새겨야 한다.

"아들, 아빠가 너 사랑하는 것 알지?"

"네, 크억, 꺼억…"

"아빠가 왜 매를 들었다고 생각해?"

"으엉, 엉, 아들 잘되라고…"

"또 그럴거야?"

"아니요."

"이제 이런 일이 다시는 있으면 안 된다. 알았지? 니 딱지 다 가져와 봐. 이 중에 제일 좋은 거 골라서 그 친구에게 갖다주고 사과해. 그리고…앞으로 필요한 것 있음 아빠한테 말해. 아빠가 다 사 줄 테니까 알겠어?"

"네. 으응. 컥"

나는 녀석을 꼭 안아주었다. 그리고 아들에게 성경의 가르침을 따라 세 가지를 해야 한다고 일러주었다. 첫째, 반드시 친구에게 가서 잘못을 인정하고 사과해야 한다. 둘째, 친구의 것을 가져왔으니 딱지를 돌려줄 뿐 아니라 가진 딱지 중에서 좋은 것 몇 개를 골라서 보상해야 한다. 셋째, 앞으로 같은 일을 반복해서는 안 된다는 것이었다. 유치원에서 돌아온 아이의 표정이 밝다. 기분이 좋다. "오늘, 아빠 말대로 했어. 딱지도 줬어. 친구도 괜찮대." 내 아들은 성경적인 용어로 말하자면 '회개'를 했다. 회개란 잘못을 뉘우치는 것만이 아니라 잘못된 것들을 바로잡는 것이다.

이처럼 잘못을 뉘우치고 아빠의 품에 안기는 아들은 용서할 수 있다. 그런데 계속 고집을 부리고 잘못을 반복해서 저지르고 가출을 밥 먹듯 반복하다가 결국 집에 돌아오지 않기로 결심한 다 큰 아들은 어떻게 해야 하는가? 하나님은 우리를 용서하신다. 그런데 문제는 우리가 하나님께 돌아가 용서를 구하지 않는다는 것이다. 우리는 가출해 돌아가지 않는 불효자들, 가출 성인들이다.

어느 스님이 이렇게 말했다고 한다. "자신을 믿지 않는다고 사랑하는 자녀를 불구덩이에 던져 넣는 그런 하나님을 나는 믿을 수 없다." 멋진 말이다. 그런 하나님이라면 믿을 필요가 없다. 하지만 목사인 나도 그런 하나님은 안 믿는다. 기독교인 모두가 그런 하나님은 믿지 않는다. 허수아비 공격인 셈이다. 하나님은 자기를 믿지 않는다고 사람을 지옥에 보내는 그런 분이 아니다.

이렇게 생각해 보자. 구원이 하나님과 관계를 회복하고 그분 통치 속으로 들어가 백성으로 사는 것이라면, 심판이란 하나님 나라 바깥에 남는 것이다. 그리고 하나님 없이 영원을 산다면 그곳이 바로 지옥일 터이다. 하나님의 따스한 사랑의 온기가 영원히 식어 가고, 그분의 진리로부터 끝없이 멀어져 가며, 그가 만든 아름다움이 영원히 시들어 가는 그곳이 지옥이다. 하나님과의 영원한 분리, 즉 죽음이 끊임없이 지속되는 곳이 지옥이다. 우리는 하나님께 나아가 그분이 사랑과 정의로 다스리는 천국에 들어갈 수도 있고, 하나님과 상관없는 상태로 영원히 남을 수도 있다. 그것은 당신의 선택이다.

하나님은 우리를 지옥으로 보내는 분이 아니라 구원하는 분이다. 우리는 천국 밖에서 영원히 버려질 수밖에 없는 운명이었다. 하나님이 살아 계신 것과 그가 의로우신 분이심을 '안다' 하더라도 죄인인 우리는 하나님 앞으로 갈 수 없었다. 죄인에게 공의의 하나님은 너무나도 위험하다. 어둠에게 빛이 그렇듯이 말이다. 그러나 하나님은 자신의 사랑하는 외아들을 죽게 만든 원수인 우리를 용서하기 위해 찾아오셨다. 하나님은 사랑하는 아들의 죽음이라는 엄청난 대가를 지불하면서까지 우리를 구원하고 싶어 하셨다.

> 그러나 우리가 아직 죄인이었을 때에, 그리스도께서 우리를 위하여 죽으셨습니다. 이리하여 하나님께서는 우리들에 대한 자기의 사랑을 실증하셨습니다. (로마서 5:8)

십자가에서 흘러내린 그 뜨거운 피는 우리를 향한 하나님의 사랑이 얼마나 뜨거운지를 보여 주는 증거물이다.

부디 이 사랑을 믿기 바란다. 예수가 우리의 구원을 위한 길이 되셨다. 길이 되신 예수 그리스도를 통해 우리는 하나님께 돌아가 그분의 나라에 들어갈 수 있다. 길이 되시는 예수 그리스도를 믿기 바란다. 그리고 그 길을 통해 우리를 사랑하셔서 사랑하는 아들까지 내어 주면서까지 우리를 사랑하시는 그에게로 돌아오기를. 기쁨이신 분께로 돌아가는 길이 여기 있다.

9 왕과 백성

그리스 신화에 나오는 테세우스는 아테나 왕 아이게우스의 아들이다. 그런데 그가 태어나기 전에 아버지는 아테나로 떠나야 했고, 그는 어머니 아이트라와 함께 트로이젠에서 살아야 했다. 떠나는 아이게우스는 칼과 구두를 커다란 바위 아래 숨기고, 아들이 성인이 되었을 때 그것을 찾아 자기에게 오게 하라는 말을 남긴다. 어느덧 장성한 테세우스에게 어머니는 구두와 칼을 숨겨 둔 바위로 데려가고, 테세우스는 그 바위를 들어 올려 아버지의 칼과 구두를 찾은 후 아버지를 찾아가는 모험길에 오른다.

숱한 위험을 이기고 도착한 아테나에서는 또 다른 치명적인 위험이 도사리고 있었는데 바로 아버지 아이게우스의 아내가 된 메디아였다. 테세우스의 칼을 보고 그가 아이게우스의 아들임을 알아챈 그녀는 그를 독살하려 한다. 그가 왕의 아들로 인정되면 그녀의 권력을 잃어버리고 말 것이기 때문이다. 그러나 결국 암살 계획이 들통 나고 메디아는 아시아로 도망치는 신세가 된다. 그리고 테세우스의 칼을 발견한 아이게우스는 테세우스가 자신의 아들임을 알게 된다. 왕의 아들임이 드러났으므로 이제 그가 장차 왕이 될 것이다.

이것이 바로 왕권이라는 최고 권력의 속성이다. 왕으로 인준되지 못한 상황과 인준된 이후의 상황은 마치 천지가 뒤바뀌는 상황과 같다. 일단 왕이 되면 그 어떤 권력도 왕의 권력 앞에 머리를 들 수 없다. 그리고 왕이 관할하는 전체 영토에 그 권력의 효력이 미치며, 모든 백성은 그 왕을 인정하고 그의 통치를 따라야 한다. 그래서 수많은 사람들이 그 절대 권력을 추구하고 때로 수단과 방법도 가리지 않는 것이다.

예수가 하나님이 보낸 메시아라는 말도 바로 이런 관점에서 생각하면 좋을 것 같다. 바울은 '예수가 그리스도'임을 선포했다. 메시아는 히브리어이고 그리스도는 그리스어인데 둘 다 '기름이 부어진 자'라는 뜻을 가진다. 구약 성경이 쓰이던 시대에 기름부음을 받는다는 것은 곧 왕이 되는 것을 의미했다. 기독교에서 말하는 복음이란 이 예수가 하나님이 보내신 바로 그 '왕'이라는 기쁜 소식이다. 하나님은 이 예수를 죽음에서 부활하게 하심으로써 하나님의 아들로,

또 하나님 나라를 통치할 왕으로 인준하셨다. 따라서 기독교가 제시하는 복음을 받아들이고 믿는다는 것은 이 예수가 온 세상을 사랑과 정의로 통치하실 왕임을 인정하는 것을 의미한다. 더 나아가 이 믿음은 예수가 세상 속에 하나님 나라를 세우는 일에 함께 동참할 것을 요청한다.

이 마지막 장에서는, 기독교가 제시하는 복음을 받아들이기를 신중하게 검토 중인 이들에게 예수를 왕(즉 메시아)으로 믿고 따르는 삶이 무엇을 의미하는지를 설명하고자 한다.

믿기

그리스도인이 되는 첫걸음은 예수가 그리스도임을 믿는 일이다. 사도들은 예수가 그리스도임을 선포했다. 그들은 예수가 그리스도 즉 하나님이 보내신 진정한 왕이 되어 통치하신다는 사실이 바로 복음이라고 전파했다. 하나님이 예수를 통해 온 세상을 통치하신다는 바로 그 사실이 복음이라는 말이다. 기독교에서 믿음이란 이 복음, 예수가 하나님이 보내신 메시아 즉 하나님이 보내신 진정한 통치자라는 이 사실을 믿는 것이다.

테세우스의 칼이 아테나 왕 아이게우스의 아들임을 입증하듯, 예수의 부활은 그가 온 우주의 창조자이자 통치자이신 하나님의 아들 메시아임을 입증한다. 사도들은 예수가 하나님이 보내신 '왕' '구원자' '하나님의 아들'이라고 선포했다. 즉 예수를 믿는다는 것은 "주는 그리스도시요 하나님의 아들"이라고 고백했던 베드로의 고백처럼 그를 주와 왕으로 믿고, 따르고, 섬기는 것을 의미한다.

믿음이란 단순히 하나님의 존재를 믿는다거나 예수의 가르침을 따른다거나 혹은 기독교의 교리에 동의하는 것이 아니다. 예수를 믿는다는 것은 그가 우리의 주인이고 삶의 모든 영역을 통치하는 권한을 가진 존재임을 인정하는 것을 의미한다. 더 강하게 말한다면, 찬탈한 보좌를 그에게 양도하고 다시 그를 왕으로 인정하고 섬길 것을 결단하는 것이다. 그렇게 할 때, 우리의 죄 때문에 깨어진 이 세상은 비로소 회복되기 시작할 것이며 상처 입은 우리 안에 천국의 통치가 이루어지기 시작할 것이다.

또한 믿는다는 것은, 하나님이 예수 그리스도를 통해 깨어진 이 세상을 회복하고 새롭게 하실 것을 신뢰하는 것이다. 예수를 믿는다고 고백하는 것은, 하나님이 메시아를 통해 이루겠다고 약속하신 천국이 예수를 통해 이 세상 한복판에서 시작되고 완성될 것을 믿는다고 고백하는 것이다. 우리는 예수의 부활에서, 하나님이 지금 이루고 계시며 앞으로 완전히 이루실 그 일에 대한 보증을 확보할 수 있으며, 악의 지배로 꽁꽁 얼어붙은 이 세상에 봄과 같은 천국이 시작되었음을 확신할 수 있다. 예수를 믿는다는 것은 예수 그리스도께서 이 세상의 모든 불의를 패배시킬 것을, 세상을 심판하고 사랑과 정의의 나라를 이 땅에 세우실 것을 믿고 소망한다는 의미다.

마지막으로, 복음을 믿는다는 것은 하나님의 사랑을 철저히 신뢰함으로써 그분께 다가가고 자기를 맡기는 것을 의미한다. 그런데 우리는 예수님께 자기의 모든 것을 내어 드리고 의탁하라는 이야기를 들으면 불안하다. 덜컥 겁이 난다. 딸이 좋아하는 텔레비전 프로가 있다. 길을 잃거나 상처 입은 동물들의 이야기를 다루는 프로그램인데 가끔 심각한 상처를 입은 동물들이 출연할 때가 있다. 그런 동물들은 도움이 절실한데도 돕기 위해 다가가는 의료진을 향해 이빨을 허옇게 드러내고 으르렁거린다. 극도의 불신과 불안감을 온몸으로 표출하는 것이다. 딸은 "아빠, 어떡해"라며 안타까워한다. 살려면 의료진을 신뢰하고 자신을 맡겨야 하는데 도망만 다니고 있으니 안쓰러울 뿐이다. 예수님은 우리의 상처를 싸매고 치료하기 위해 다가오신다. 믿음이란 우리의 상처와 고통, 이 세상의 문제와 아픔을 그가 고칠 수 있음을 믿고 그에게 다가서는 것이다. 그가 세상의 모든 눈물 젖은 얼굴들을 씻기고 깊이 팬 상처를 싸매고 회복하실 것을 신뢰함으로써 우리 자신을 의탁하는 것이 곧 믿음이다.

속하기

또한 예수를 믿고 따른다는 것은 그가 창조하는 새로운 공동체에 속하는 것을 의미한다. 부활을 통해, 예수라는 왕이 다스리는 새로운 나라는 새로운 질서를 따르는 공동체의 모습으로 이 땅에 창조되었다.

부활하신 예수를 만난 예루살렘 교회는 그들에게 주어진 사명을 누구보다 깊이 깨달았고, 부활이 가져온 하나님 나라를 삶으로 살아냈다. "그들은 사도들의 가르침에 몰두하며, 서로 사귀는 일과 빵을 떼는 일과 기도에 힘썼다"(사도행전 2:42). 더 나아가, 그들은 "믿는 사람은 모두 함께 지내며, 모든 것을 공동으로 소유하였다. 그들은 재산과 소유물을 팔아서, 모든 사람에게 필요한 대로 나누어 주었다"(2:44-45). 그들은 그 자신이 하나님 나라의 새로운 질서가 되었다. 그럴 수 있었던 이유는 예수의 부활로 하나님의 나라가 그들 가운데 왔음을 믿었기 때문이었다. 글렌 스타센과 데이비드 거쉬의 「하나님의 통치와 예수 따름의 윤리」(대장간)에 따르면, 예수의 공동체인 교회는 "반역적인 창조 세계를 되찾으시는 예수 그리스도께 연합된 몸"이자 "하나님 나라의 교두보요, 하나님 통치의 가시적 증언"인 것이다.

예수를 주님과 왕으로 섬기는 사람들인 그리스도인들은 예수가 이끄는 공동체에 속하기로 결단한 사람들이다. 예수가 죽으신 목적은 단순히 '죄 사함'만이 아니라, 우리를 공동체 안으로 구원하기 위한 것이다. 구원이란 무결점의 진공 상태로 끌려 올라가는 것이 아니라, 예수의 공동체 안으로 들어가는 것이다.

얼마 전 교회를 다니지 않는 대학생들이 모인 수련회에서 주강사로 설교한 적이 있다. 수련회 마지막 날에 똑똑해 보이는 한 여학생이 이런 질문을 했다. "목사님 강의를 듣고 예수님을 믿고 싶은 마음이 생겼습니다. 그런데 예수님을 믿으면 교회에 꼭 가야 하나요?" 그 여학생의 마음을 충분히 이해하고도 남는다. 요즘처럼 자질이 의심받는 몇몇 목사의 비행과 대형교회의 이해할 수 없는 행태들이 연일 문제가 되는 것을 보면, 그런 질문은 점잖은 편이다.

내가 해준 대답은 이랬다. "교회는 클럽이나 학원처럼 다니는 곳이 아닙니다. 교회는 사람들입니다. 교회는 예수를 그리스도로 믿는 사람들의 공동체입니다. 그래서 교회는 다니는 곳이 아니라 소속되어야 하는 관계라고 할 수 있습니다. 예수님은 우리에게 서로 사랑해야 한다고 말씀하셨습니다. 그런데 사랑은 혼자서는 할 수 없는 것입니다. 우리가 예수님을 믿는다고 하면서 집 안에 홀로 앉아 성경을 읽고 기도를 드리며 마음의 평안을 누리는 것만으로는 부족합니다. 우리는 함께 하나님을 예배하고 기도하며, 함께 먹고 마시며, 가진 것을 나누어야 합니다. 함께 하나님의 나라를 위해 일해야 합니다. 이 일은 우리가 하나님 나라의 공동체에 소속됨으로 이루어질 수 있습니다. 때문에 우리는 만나야 하는 것입니다."

주님이 다시 오셔서 이 세상 모든 질서를 완전하게 바로잡기 전까지는 지상에 완전한 교회란 없을 것이다. 그러나 순수한 교회는 있다. 순수한 교회란 모든 성도가 우리의 중심이신 예수 그리스도를 향해 점진적으로 나아가는 교회다. 완전한 교회는 없지만 순수한 교회는 있다. 여러분이 그리스도인이 되고 싶다면, 큰 교회나 성가대의 찬양이 아름다운 교회, 유명인이 다니는 교회, 알아 두면 도움이 될 영향력 있는 사람들이 다니는 교회가 아닌 순수한 교회를 찾는 편이 좋을 것이다. 그렇다면 순수한 교회는 어떤 특징을 가졌을까?

첫째, 순수한 교회는 하나님의 말씀인 성경이 중심에 있는 교회다. 성경을 가르치고 연구하고 따르는 교회가 순수한 교회다. 하나님은 우리를 그분의 말씀으로 다스리신다. 그러므로 순수한 교회의 중심에는 하나님의 말씀이 있다. 순수한 교회는 하나님의 말씀을 신뢰하고, 하나님의 말씀은 신자들을 인도하고 치유하고 힘을 주며 그들을 변화시킨다.

둘째, 순수한 교회는 서로를 책임지는 교회다. 어떤 교회가 순수한 교회인지를 보려면 그들 중에 경제적으로 힘든 사람이 나타났을 때 어떻게 대응하는지를 보면 알 수 있다. 야고보는 말했다.

> 나의 형제자매 여러분, 누가 믿음이 있다고 말하면서도 행함이 없으면 무슨 소용이 있겠습니까? 그런 믿음이 그를 구원할 수 있겠습니까? 어떤 형제나 자매가 헐벗고 그날 먹을 것조차 없는데, 여러분 가운데서 누가 그들에게 말하기를 "평안히 가서, 몸을 따뜻하게 하고, 배부르게 먹으십시오" 하면서 말만 하고 몸에 필요한 것들을 주지 않는다고 하면 무슨 소용이 있겠습니까? (야고보서 2:14-16)

그리고 요한도 똑같이 말했다.

> 자녀 된 이 여러분, 우리는 말이나 혀로 사랑하지 말고 행동과 진실함으로 사랑합시다. (요한일서 3:18)

즉 순수한 교회는 서로를 책임지려고 하는 태도와 실천이 있는 교회다. 그리스도인의 상호 책임이란 경제적인 것뿐 아니라 사랑 안에서 진실을 말하고, 하나님이 주신 재능으로 서로 섬기며, 죄인들을 회복시키기 위한 회복적 정의를 실천하는 등 삶의 모든 부분을 포괄하는 것이다.

셋째, 순수한 교회는 세상과는 다른 가치관으로 사는 공동체다. 예수님은 십자가에 달려 돌아가시기 전 제자들과의 만찬에서 이렇게 말씀하셨다. "뭇 민족들의 왕들은 백성들 위에 군림한다. 그리고 백성들에게 권세를 부리는 자들은 은인으로 행세한다. 그러나 너희는 그렇지 않다. 너희 가운데서 가장 큰 사람은 가장 어린 사람과 같이 되어야 하고, 또 다스리는 사람은 섬기는 사람과 같이 되어야 한다"(누가복음 22:25-26).

헨리 나우웬은 「세상의 길 그리스도의 길」(IVP)이라는 책에서 세상의 길이란 상향성의 길이라고 말했다. 그 길은 자신의 욕망을 채우고 높은 곳으로 오르기 위해 타인을 누르고 조종할 수밖에 없는 길이다. 그러나 예수의 길은 하향성의 길이다. 이 길은 자신보다 낮은 곳을 향해 가는 길, 타인을 섬기고 그를 위해 희생하고 용서하며 사는 그런 길이다. 나우웬은 평탄한 앞날이 보장된 예일 대학교 교수직을 버리고 캐나다의 라르쉬 공동체에서 정신지체 장애인들과 함께 살다가 세상을 떠났다. 순수한 교회는 세상의 길이 아닌 예수의 길을 걷는 교회다. 높은 자가 낮은 자를, 부유한 자가 가난한 자를, 성인이 어린이를 섬기는 교회가 순수한 교회다.

넷째, 순수한 교회는 사람들의 변화가 일어나는 교회다. 순수한 교회 공동체는 타인을 사랑하게 하고, 그럼으로써 이기적인 자아를 치유하고 회복하여 우리를 구원한다. 순수한 교회 공동체는 공허와 외로움과 소외에 빠진 우리를 따뜻하고 생명력이 넘치는 사랑의 관계 안으로 구원한다. 순수한 교회는 서로 사랑할 뿐 아니라 서로의 죄와 이기심에 정직하게 대면함으로써 예수 그리스도를 닮은 삶으로 변화되게 한다. 즉 순수한 교회는 우리를 변화시킨다.

요약하자면, 우리는 예수 그리스도의 몸인 교회에 소속되어 예수 그리스도의 계명을 따라 서로 사랑하는 공동체를 이루어야 한다. 예수 그리스도 없이는 구원이 없고, 교회 공동체에 소속되지 않고는 치유나 회복, 그리고 그 어떤 변화도 없다. 공동체 없이는 구원도 없다.

행동하기

끝으로, 예수를 따른다는 것은 예수의 말씀과 본을 실천한다는 뜻이다. 예수가 왕이라면 그를 따르는 백성은 당연히 왕의 훈령을 따라야 할 것이다. 기독교에서는 이것을 '제자도'라고 한다. 예수의 제자들은 예수의 말씀을 실천한다. 예수는 산상수훈을 통해 하나님 나라 백성들이 살아가야 할 삶의 모습을 가르치셨다. 즉 산상수훈은 하나님 나라 백성들의 윤리다. 그래서 초대교회는 그리스도인이 되고자 하는 초심자들에게 산상수훈을 가르쳤다. 산상수훈을 탁월하게 설명한 글렌 스타센과 데이비드 거쉬는, 산상수훈이 세상 속에서 주도적으로 변혁적인 질서를 창조하라는 가르침이라고 했다.

세상의 질서에 대립하는 이 같은 하나님 나라의 질서는 어떻게 창조되는 것일까? 먼저, 우리 자신의 변화가 있어야 한다. 거듭남이 있어야 한다. 이것은 평범한 애벌레가 뚱뚱한 애벌레가 되는 것 정도의 변화가 아니다. 거듭남이란 나뭇잎 위의 애벌레가 하늘을 나는 나비로 변화되는 것이다. 이 땅에서 천국 즉 하나님 나라를 살아갈 수 있기 위해서는 그 나라를 살아갈 수 있는 능력이 필수인데, 그것은 죄에 물들어 있는 우리의 옛 자아로는 불가능하다. 이 땅에서 천국을 살아갈 수 있으려면 새로운 자아로 태어나야 한다. 하늘을 날려면 더 빨리 달리는 정도가 아니라 날개를 단 나비가 되어야 한다. 하나님은 우리에게 날개를 달아 천국의 질서를 지금 여기 이 땅에서 살아갈 수 있게 하신다.

우리를 거듭나게 하시는 분은 성령 하나님이시다. 예수님은 우리가 예수 그리스도를 따르기로 결단할 때 성령을 보내 우리를 거듭나게 하셔서 하나님 나라의 새로운 질서를 살아갈 새사람으로 만들어 주신다. "누구든지 그리스도 안에 있으면 그는 새로운 피조물입니다. 옛것은 지나갔습니다. 보십시오, 새것이 되었습니다"(고린도후서 5:17).

거듭남이 이루어지면, 이제 하나님 나라의 변혁적인 질서가 하나님 나라 공동체를 통해 이 땅에 창조된다. 존 요더는 이것을 '근원적 혁명'이라고 불렀다. 예수님은 폭력과 착취로 형성된 기존의 제국주의적 질서를 거부하셨을 뿐 아니라 기존 질서를 폭력으로 뒤집는 혁명주의 노선도 거부하셨다. 대신 예수님은 인종과 신분의 차이를 뛰어넘어 하나님의 통치를 따라 살기로 결단한 사람들로 이루어진 새로운 사회를 창조하셨다. 이 새로운 사회는 피해자가 가해자에게 보복이 아닌 용서를 베풀며, 분배적인 정의가 실현되고, 인종과 성적인 차별이 철폐되고, 적이었던 자들이 무기를 버리고 하나가 되는 공동체다. 예수를 믿는다는 것은 바로 이러한 근원적인 혁명에 동참한다는 의미다.

이러한 새로운 사회는 선교를 통해 공고해지고 확장된다. 교회는 예수가 그리스도임을 말과 기도와 삶으로 세상에 증언하여 모든 사람을 하나님 나라로 초청하며, 서로 뜨겁게 사랑하고 가난한 자들에 대한 정의를 실현하는 하나님 나라 공동체를 가시적으로 표현함으로 그 아름다운 빛을 온 세상에 비추어야 한다. 예수의 제자가 된다는 것은 하나님 나라의 질서를 따르는 공동체를 세우고 확장하는 일에 헌신하는 것을 의미한다. 예수를 메시아로 믿는 사람은 메시아의 공동체를 이 땅에 세우는 예수의 일에 동참한다.

마지막으로, 이 공동체가 세상 속에서 하나님 나라의 굳건한 증인으로 살아갈 때 하나님 나라의 변혁적인 질서가 세상 속에 세워진다. 증인의 삶이란 그리스도인이 세상 속에서 하나님의 통치를 받는 백성으로 살아가는 것이다. 이는 부패한 세상 속에서 정의와 공의를 실천하는 삶을 사는 것을 의미한다. 예수의 제자들은 세상의 권력을 두려워하지 않고 오직 하나님의 통치를 자기 삶의 모든 영역에서 실천하는 사람들이다. 가정, 직장, 사회는 하나님이 자신의 통치자임을 증언해야 할 장소다. 제자란 속한 곳에서 악한 전통과 관습, 관례와 부딪칠 때 세상의 법칙이 아닌 하나님의 뜻을 따르기로 선택함으로써 하나님이 왕이 되심을 말과 삶으로 증언하는 사람이다.

결론을 맺자. 그리스도인이란 세상 속에서 주도적으로 변혁적 질서를 창조하는 사람이다. 이러한 하나님 나라의 질서는 먼저 자신이 하나님의 은혜로 변화된 존재가 됨으로, 더 나아가 하나님이 통치하시는 새로운 공동체를 세우는 근원적 혁명에 동참함으로, 끝으로 세상 속에서 정의와 공의를 실천하는 증인의 삶을 통해 이루어진다. 예수의 제자가 된다는 것은 예수께서 이 세상에서 하고자 하셨던 일을 계승하는 사람이 되는 것이다. 예수의 제자, 한 번 되어 볼 만하지 않은가?

✼✼✼✼

때때로 우리는 악이 선을 누르고 승리할까 봐 불안하다. 정의가 끝내 이루어지지 않을까 봐 두렵다. 억압과 착취의 역사는 언제나 종말을 고하게 될지, 온통 들려오는 소리는 무성한 전쟁의 소문들뿐이다. 거대 자본은 최빈국이나 가난한 자에게는 눈꼽만큼의 관심도 없고 자기들 배만 불리기 바쁘다.

이러한 세상 속에서 예수의 부활은 하나님의 사랑과 정의가 반드시 승리할 것을 보여 주는 증거이며, 하나님이 이제 그 일을 시작하셨음을 보여 주는 표지다. 눈 덮인 들판에 연두빛 작은 새싹이 흰 눈을 녹이며 돋아나 봄날이 성큼 다가왔음을 알려주듯, 예수의 부활은 하나님 나라의 약속이 성취됨을 알리는 신호탄이다. 예수는 복음을 통해 사람들을 거듭나게 하시고 근원적 혁명의 공동체를 창조하심으로써, 하나님의 통치를 삶 속에서 실천하는 제자들을 통해 그 뜻을 이루어 가고 계신다.

마지막 날에 하나님은 온 세상을 새롭게 하실 것이다. 온 세상은 악과 고통이 아닌 사랑과 정의로 충만하게 될 것이다. 사막에 샘이 흐르고 황무지에는 장미꽃이 흐드러지게 피어날 것이다. 어린아이가 독사 굴에 손을 넣어도 물지 않고, 사자들과 어린 양이 함께 풀을 뜯으며 평화롭게 뛰어놀 그날이 오고야 말 것이다. 하나님은 기어이 온 세상을 새롭게 만들고야 말 것이다.

예수께서 악과 죽음을 이미 이기셨음을 믿는 사람들은 예수가 걸으신 그 길을 걷는다. 좁은 길을 함께 걷는다. 탐욕과 제국이 장악한 세상을 향해 예수의 주 되심을 선포하며, 눈물과 고통이 가득한 이 땅에 예수가 꿈꾸셨던 사랑과 정의와 평화가 춤추는 나라를 세우는 삶에 헌신하며, 불의가 지배하는 세상 속에서 하나님 나라의 증인으로서 정의를 실천하는 삶을 산다. 이 길은 고난이 뒤따르기도 하지만 무시할 수 없는 기쁨이 함께 춤추는 길이다. 이 길을 우리 같이 걷지 않겠는가?

책으로의 산책

「하나님 얼굴을 엿보다」(알리스터 맥그래스, 복있는사람)
우주와 자연의 신비를 체험한 사람이라면 한 번쯤 가졌을 의문들이 있다. 우주 저 너머에는 무엇이 있을까? 광대한 우주 속에서 먼지보다 더 작을 수밖에 없는 내 존재는 어떤 의미일까? 만약 창조주가 있다면 그는 왜 우주와 인간을 창조하셨을까? 만약 그런 의문을 가진 적이 있다면 이 책을 꼼꼼하게 읽어 보길 권한다.

「쿼크, 카오스 그리고 기독교」(존 폴킹혼, SFC 출판부)
과학이 발달한 시대에는 종교가 필요 없다? 오늘날의 신무신론자들은 과학과 종교가 대립한다는 편견을 심어 주었다. 하지만 저명한 물리학자이자 사제인 저자는, 세계를 올바르게 인식하기 위해서는 과학과 종교라는 쌍안경이 함께 필요하다고 주장한다.

「도킨스의 신」(알리스터 맥그래스, SFC 출판부)
도킨스의 책을 읽고 신은 없다고 결론내리려 하는 사람이 있다면, 결정하기 전에 반드시 이 책을 읽어야 한다! 도킨스의 신앙에 대해 알고 싶은 사람들은 이 책을 읽으라.

「신을 옹호하다」(테리 이글턴, 모멘토)

당신이 기독교를 싫어하는 이유가 종교가 저지르는 폭력이나 맹목적 신앙 행태를 보이는 그리스도인들 때문이라면 이 책을 꼭 읽을 필요가 있다. 이 책은 현재 이 땅에서 벌어지는 폭력의 진정한 배후가 무엇인지를 명확하게 밝혀내고 있으며, 도킨스나 히친스의 선글라스에 비친 기독교가 아니라 진짜 기독교의 알맹이가 무엇인지를 시원하게 드러내 보여 준다.

「차마 신이 없다고 말하기 전에」(박영덕, IVP)

이 주제에 관한 한 최고의 베스트셀러다. 그만큼 쉽고 재미있으며 무엇보다 얇다. 기독교의 핵심을 잘 전달하면서도 저자의 경험에서 우러나온 통찰과 유머가 번득인다. 기독교의 핵심 요약본을 찾는 이들에게 강력히 추천한다.

「예수의 길」(레베카 피펏, IVP)

이 책 또한 얇다. 그러나 내용은 결코 얄팍하지 않다. 기독교는 인간을 위해 어떤 변화를 일으킬 수 있는가? 기독교를 믿건 안 믿건 인생은 별반 달라질 게 없다고 생각된다면, 이 책을 읽어 보라. 다른 길이 보일 것이다.

「톰 라이트와 함께하는 기독교 여행」(톰 라이트, IVP)

기독교가 말하는 복음은 이 세상과 어떤 관련이 있을까? 깨어진 세상 속에서 교회는 무엇을 위해 존재하는가? 기독교 신앙이란 이 세상에 적응하지 못한 영혼들의 도피처가 아니다. 기독교의 하나님은 깨어진 세상을 바로잡는 하나님이다. 하나님은 우리를 통해 그 일을 행하신다. 어떻게? 이 책을 읽어 보라.

「살아 있는 신」(티머시 켈러, 베가북스)

신이 인간을 만들었는가, 인간이 신을 만들었는가? 이 책의 장점은 동시대적이라는 것이다. 그는 최첨단 도시 뉴욕에서 수많은 젊은 회의자들을 만나고 그들의 질문에 진지하게 대답해 왔다. 그가 세운 교회에는 평균 30세의 젊은이들이 매주 1만 명씩 모여 그의 설교에 진지하게 반응한다. 당신이 가진 진지한 질문들에 대한 진실한 대답이 이 책에 담겨 있다고 기대해도 좋다.

「정통」(G. K. 체스터턴, 상상북스)

"크리스채너티 투데이"가 선정한 20세기의 가장 위대한 책 10권 중 하나. C. S. 루이스는 이 책을 이렇게 추천했다. "강한 무신론자로 남고 싶은 젊은이는 그의 글을 아무리 경계해도 지나치지 않다." 이 책은 어렵다. 하지만 그의 글은 수많은 사람들의 책에서 인용되고 있다. 그는 이 책에서 스스로 치열하게 고민했던 내용들을 다루고 그 질문들이 어떻게 정통 기독교 신앙 안에서 해결되었는지를 설명하고 있다. 도전해 보고 싶지 않은가?

「순전한 기독교」(C. S. 루이스, 홍성사)

이 책을 읽기 전에는 기독교를 논하지 말라. 이 책만큼 많은 이에게 읽히고 영향을 끼친 책도 드물 것이다. 기독교를 소개하는 많은 책 중 단 한 권을 추천하라고 한다면, 단언컨대 많은 이들이 이 책을 권할 것이다. 기독교인이 믿는 것, 기독교인의 행위, 기독교의 핵심 교리들을 처음 접하는 사람도 이해할 수 있도록 특유의 문학적 감수성으로 풀어 썼다. 매우 재미있다.

이것이 궁금하다!

1. 하나님이 살아 계시고 우리를 사랑하신다면, 세상은 왜 이리도 고통스럽습니까?

고통의 문제는 성경 기자들의 중심 주제였고 신실한 그리스도인들이 심각하게 고민했던 주제이기도 합니다. 하지만 고통의 문제에 대해 모든 사람이 납득할 만한 대답을 드리기는 불가능할 것 같습니다. 고통이 남의 문제일 때는 이런 저런 사변적인 해명을 할 수 있겠지만 막상 자기 일이 될 때는 혼란스러울 수밖에 없기 때문입니다. '왜 하필 내게 이런 일이…. 도대체 내가 무슨 잘못을 했길래 내게 이런 일이 생긴단 말인가?' 고통을 겪는 사람에게는 어떤 위로나 논증도 소용이 없음을 저도 잘 압니다. 어쩌면 그런 이들을 위해 할 수 있는 일이라고는 그 고통에 깊이 공감하는 것뿐일지도 모르겠습니다.

그래서 제가 알고 있는 몇 가지만 말하려 합니다. 첫째, 하나님은 세상이 겪는 고통의 문제에 깊은 관심이 있으시다는 것입니다. 그것은 제가 이 책에서 하고 있는 이야기이기도 합니다. 성경의 하나님은 고통의 문제를 해결하기 위해 일하는 분이십니다.

둘째, 성경의 하나님은 인간으로 오셔서 우리의 고통을 남김없이 체험한 분이라는 것입니다. 하나님은 인간의 고통에 깊이 공감하십니다. 예수 그리스도는 십자가에서 억울한 죽음을 당하셨습니다. 불의한 재판을 받으셨고, 채찍으로 온몸이 찢어졌고, 사랑하는 사람들에게 배신당하고 버려졌습니다. 우리가 믿는 하나님은 인간의 고통 한가운데 계신 분입니다. 우리의 고통 가운데 계시며 함께 고통받는 하나님은 우리를 능히 위로할 수 있습니다.

셋째, 하나님은 고통받는 세상을 위한 궁극적인 해결책을 가지고 있다는 것입니다. 우리는 이것을 기독교적 종말론이라고 부릅니다. 만약 우리가 믿는 하나님이 인간의 고통에 공감하지만 정작 문제를 해결하는 능력이 없다면 소망은 없을 것입니다. 그러나 하나님은 고통받는 이 세상의 문제를 반드시 해결할 것입니다. 예수 그리스도의 부활은 바로 그 궁극적 승리의 예표입니다(6장). 고통에 빠진 이 세상은 온전한 모습으로 회복되고 하나님의 계획에 따라 아름답게 완성될 것입니다.

제가 말씀드릴 수 있는 분명한 사실은 고통에 빠진 많은 사람이 하나님을 만나 깊은 위로를 받았고 다시 살아갈 힘을 얻었다는 것입니다. 그들은 머리로 이해할 수는 없었지만 고통 중에 만난 하나님의 사랑으로 그 고통을 견안을 수 있었습니다. 뿐만 아니라 그들 중 많은 이들이 고난에 빠진 다른 사람들을 돌보고 있습니다.

2. 신이 인간을 창조한 것이 아니라 인간이 신을 만들어 낸 것 아닙니까?

그럴 수도 있지요. 연약한 인간은 신을 만들어 내기도 합니다. 거대한 우주의 장엄함 앞에 주눅이 든 인간이 자신보다 강한 신에 대한 필요 때문에 신을 만들고 섬기는 것은 분명한 사실입니다. 그러나 신이 존재하느냐 하지 않느냐의 문제는 여전히 해결해야 할 별개의 문제로 남습니다. 인간이 더위 때문에 인공 폭포를 만들었다고 해서 나이아가라 폭포가 없다고 말할 수 없듯이 말입니다.

존 폴킹혼의 말대로, 존재하는 신이 인간을 포함한 이 세상을 창조한 것이 사실이라면 그 흔적을 이 세계 속에서 발견할 수 있을 것입니다(1장). 창조주의 지문을 발견할 수 있는 곳은, 우주의 복잡성, 인간의 도덕성 그리고 하나님의 개입을 의심하게 하는 역사적 사건, 특히 역사적 사실로서의 부활(6장) 등을 말씀드릴 수 있습니다. 이 흔적들을 주의 깊게 살펴본다면 창조주의 존재를 확신할 수 있을 것입니다.

성경은 더 나아가 창조주 하나님이 이 세계를 그저 창조하는 정도가 아니라, 너무도 아름답고 멋지게 만드시고 그것을 우리 인간에게 선물로 주셨다고 말합니다. 비록 인간의 타락으로 깨어지긴 했지만, 우리는 아름다웠던 낙원의 파편들을 여전히 이 세상에서 발견할 수 있습니다. 그 낙원의 파편은 바로 이 세상 곳곳에서 발견하게 되는 '기쁨'입니다. 약육강식의 정글과도 같은 세상에 기쁨이 있다는 것은 하나님이 원래는 이 세상을 낙원으로 창조하셨음을 말해 줍니다(3장). 따라서 기쁨의 존재는 창조주 하나님의 존재를 가리킬 뿐 아니라 그분이 어떤 분이신지를 보여 주기도 합니다. 그분은 우리가 기쁨에 휩싸여 살기 원하시는 그런 분입니다.

3. 하나님이 선한 분이라면 이 세상에 악이 존재하는 이유는 무엇입니까?

이 책에서 제가 주장한 대로 신이 존재한다고 가정합시다. 존재하는 신에 대해 생각해 볼 수 있는 여러 관점들이 있습니다. 첫 번째 관점은 다신론입니다. 다신론은 악의 문제를 쉽게 해결할 수 있습니다. 이 세상에는 선한 신도 있고 악한 신도 있으며, 세상에 존재하는 악은 악한 신에게서 온 것이라고 설명하면 됩니다. 그러나 이 경우 악은 필연적인 것이 되므로 악으로 인한 고통에서 해방되기란 불가능하지요. 또한 악신의 입장에서는 선신이 상대적으로 악신이 되기에 인간이 선과 악을 구별해 선을 행해야 한다는 당위도 사라지게 됩니다.

범신론의 관점도 생각해 볼 수 있습니다. 전 우주와 신을 동일시하는 범신론의 입장에서는, 신 안에 선과 악이 공존하기에 세상에도 선과 악이 존재한다는 설명이 가능합니다. 그러나 인간이 왜 악을 피하고 선한 삶을 살아야 하는지, 어떻게 선과 악을 구별할 수 있는지를 설명할 수는 없습니다. 선이든 악이든 그저 신 안에 존재하는 것일 뿐 가치 판단을 내리기는 불가능하기 때문입니다. 그저 선과 악을 수용할 수밖에 없다면 소망도 없어지겠지요. 악은 사라지지 않을 테니까요.

기독교의 관점은 이렇습니다. 하나님은 선하십니다. 하나님은 사람을 선하게 창조했습니다. 그리고 사람을 동물과 달리 자유의지를 가진 독립적 인격체로 만드셨습니다. 동물은 본능의 한계를 벗어나지 않습니다(2장). 개가 사람이 될 수는 없지요. 그러나 사람은 개보다 못한(인간성을 상실한) 존재가 될 수도 있고 천사나 하나님처럼 고결한 존재가 될 수도 있습니다. 인간은 자유로운 존재입니다. 인간이 자유롭다는 것은 선택할 수 있는 존재로 창조되었다는 뜻입니다.

많은 사람은 선과 악을 흑과 백처럼 완전히 대조적인 어떤 것이라고 생각합니다. 그러나 성경은 선과 악을 그렇게 설명하지 않습니다. 악은 선의 부패입니다. 에로스적 사랑이 왜곡되어 부패하면 집착과 변태적 성애가 되고 맙니다. 정의는 곧잘 부패해서 독재와 아집이 됩니다. 욕망은 신이 주신 선한 선물이지만 쉽게 탐욕으로 부패하여 사람을 중독자로 변질시켜 버립니다. 이 세상에 악이 존재하는 이유는 인간이 선을 왜곡하여 악을 선택하기 때문입니다. 제2장에서 인용한 체스터턴의 말로 답변을 마무리하겠습니다. "그분으로서는 완벽한 희곡을 계획했으나 필연적으로 그 연극을 인간 배우들과 무대 매니저들에게 맡길 수밖에 없었는데, 이들이 그 후에 그것을 엉망진창으로 만들어 버린 것이다."

4. 선악과는 왜 만드셔서 연약한 인간이 유혹받게 하신 겁니까?

선악과에 대한 오해가 많습니다. 사실 아담과 하와를 유혹한 것은 단순히 어떤 과일이 아니었습니다. 인간을 창조하여 에덴 동산에 살게 하신 하나님은, 동산 중앙에 선악을 알게 하는 나무 하나를 두고 그 열매를 먹지 말라고 명령하셨습니다. 아담과 하와에게 금지된 것은 그 '선악을 알게 하는 나무의 열매'였음을 기억합시다. 아마도 같은 종류의 나무들이 여럿 있었을 것이고 정녕 과일을 맛보고 싶다면 그 나무들에서 나는 것을 먹으면 될 일입니다. 그러므로 최초의 인간들이 받은 유혹은 단순히 과일을 먹고 싶은 유혹이 아니라 선악과를 먹고 싶은 유혹, 즉 '하나님처럼 되고픈' 유혹이었습니다.

선악과는 인간이 피조물이며 하나님의 법칙에 따라 살아야 하는 존재임을 각인시켜 줍니다. 하나님은 선악과를 먹으면 반드시 죽을 것이라고 경고하셨습니다. 그것은 인간이 하나님을 무시하고 피조물의 자리를 떠나 스스로 하나님 노릇을 하면 모든 것이 망가지리라는 경고였습니다. 하지만 결국 인간은 선악과를 따 먹음으로써 하나님과의 관계를 끊고 스스로 하나님의 자리에 올랐습니다. 그리고 이후의 결과는 우리가 아는 대로입니다. 탐욕의 지배 아래로 굴러 떨어진 인간의 모든 관계는 철저히 파괴되었습니다. 하나님의 경고대로 죽고 만 것이지요. 선악과는 우리가 신 앞에서 겸손해야 하는 피조물임을 말해 주는 표지였습니다. 더 자세한 설명은 제3장과 제4장에 나와 있습니다.

5. 왜 하나님은 악인을 심판하거나 그 악행을 막지 않으십니까?

유대인들도 예수님께 동일한 질문을 한 적이 있습니다. 그때 예수님은 잘 알려진 가라지 비유로 대답하셨습니다. 어떤 주인이 밭에 밀을 심었는데 원수가 한밤중에 가라지를 뿌리는 바람에 밀과 가라지가 서로 뒤엉키게 되었습니다. "가라지를 뽑을까요?" 하인들이 묻자, 주인이 대답했습니다.

"추수 때까지 그냥 두어라. 가라지를 뽑다 알곡까지 뽑을까 염려되는구나."
이렇게 하여 가라지를 뽑는 일은 추수 때까지 연기됩니다. 하나님이 악인들에 대한 심판을 마지막 때로 미루셨다는 것입니다.

이 비유의 더 깊은 뜻은 하나님이 악인들조차 회개하고 하나님께로 돌아오기를 기다리신다는 것입니다. 완전한 의인은 없습니다. 마찬가지로 완전한 악인도 없습니다. 우리는 피해자는 의롭고 가해자는 악하다고 생각하는 경향이 있습니다. 그러나 피해자가 권력과 힘을 가지게 되면 더욱 악랄한 가해자가 되기도 합니다. 이는 보스니아와 아프리카, 중동 등 세상 도처에서 확인할 수 있는 사실입니다. 우리 모두는 피해자인 동시에 가해자가 될 수 있습니다. 즉 우리는 모두 용서가 필요한 죄인인 것입니다. 하나님은 우리 모두를 기다리고 계십니다.

철가방 김우수 씨는 미혼모에게 태어나 버려졌습니다. 열두 살에 보육원을 뛰쳐나온 그는 세상을 향한 미움과 분노를 폭력으로 표출했습니다. 폭력 전과 3범인 그는 마흔 살이 넘어 자신이 웨이터로 일하던 술집에 홧김에 불을 지르려다 체포되어 징역 1년 6개월의 실형을 받습니다. 여기까지 보면 그는 악인이요 실패자입니다. 그랬던 그가 어느 교회의 도움으로 변화되었습니다. 출소 후 그는 중국집에 취직했고, 70만 원이 조금 넘는 월급을 쪼개 가난한 아이들을 후원했습니다. 혼자 살기에도 빠듯한 월급을 받으면서 쪽방 월세 25만 원, 사후 어린이재단을 수혜자로 설정해 놓은 생명보험료 12만 원을 내고, 5명의 가난한 어린이들에게 매달 10여만 원의 돈을 보냈습니다. 더 많이 후원하기 위해 하루 두 갑 피우던 담배도, 소주 두 병도 끊었습니다. 2011년 9월 23일 뜻하지 않은 교통사고로 돌아가실 때까지 그는 그렇게 아이들을 돌보았습니다. 그를 위해 배우 최불암 씨는 상주 노릇을 했고 작가 이외수 씨는 추모시를 바쳤습니다. 그의 아름다운 삶은 "철가방 우수 씨"라는 제목의 영화로 만들어졌습니다.

악인도 변할 수 있습니다. 성경은 자비로운 하나님이 우리 모두가 회개하도록 기다리신다고 말합니다. 그러나 그분은 언젠가 이 세상의 모든 죽은 자와 산 자를 심판할 것이고 그때는 더 이상의 기회가 없을 것입니다.

그리고 한 가지 더 말씀드리자면, 하나님은 이 세상 악인을 심판하고 제재할 권한을 인간에게도 일부 주셨다는 것입니다. 하나님은 부모에게 어린아이를 잘 양육하여 정의롭고 분별력 있는 어른으로 자라게 할 권위를 주셨습니다. 경찰에게는 악한 일을 저지른 사람을 체포하고 재판에 넘길 수 있는 권위를 주셨습니다. 교사에게는 아이들이 사회의 건전한 구성원으로 자라날 수 있도록 가르칠 수 있는 권위를 주셨습니다. 왕의 권위, 판사의 권위, 의사의 권위 등은 하나님이 세상을 다스리기 위해 사람에게 위임한 권위들입니다. 이러한 권위들이 무너지거나 부패하면 세상은 큰 혼란에 빠지게 됩니다. 이는 악인을 심판하고 악행을 막을 책임이 바로 우리에게도 일부 주어져 있다는 뜻입니다.

6. 개신교는 가톨릭을 어떻게 생각하나요?

기독교는 개신교, 가톨릭, 정교회를 포함합니다. 개신교에 속한 그리스도인들은 가톨릭과 정교회에 소속된 신자들을 형제라고 생각합니다. 물론 개신교에 속한 이들 가운데는 저와 생각이 다른 분들이 있습니다. 개신교 혹은 자신이 속한 교파만이 옳다는 생각을 가진 분들이지요. 그러나 이러한 분들의 입장은 대부분 상대에 대한 오해에 기초하는 경우가 많습니다.

7. 기독교는 진화론에 대해 어떻게 생각하는지요? 진화가 옳다면 창조주는 없다고 보아야 하지 않나요?

창조와 진화론은 대립하는 개념이 아닙니다. 왜냐하면 하나님은 진화라는 방법을 통해서도 생명을 창조할 수 있는 분이기 때문입니다. 기독교 내부에서도 진화론에 대한 입장은 다양합니다. 기독교 내부의 진화론에 대한 입장은 대략 세 가지 정도로 구분할 수 있습니다. 젊은 지구론, 지적 설계론, 유신진화론입니다.

젊은 지구론을 지지하는 과학자들은, 소진화 즉 종 내부에서 일어나는 진화는 인정하지만 종을 뛰어넘는 대진화는 거부하는 입장입니다. 지적 설계론은 생명체의 복잡성을 근거로 우연이 아닌 창조주의 설계와 창조 행위를 통해 생명체가 출현했음을 주장하는 입장입니다. 따라서 창조론과 점진적 창조로 설명될 수 있는 진화론 모두에 가능성을 열어 두고 있습니다. 유신론적 진화론은 진화를 하나님의 창조 과정으로 이해합니다. 각각의 입장은 나름의 장점과 한계를 동시에 가지고 있습니다.

그동안 한국에서는 창조과학회의 입장만이 기독교의 입장인 것처럼 소개되었습니다. 창조과학회는 젊은 지구론을 지지하고 진화론에 대해서는 강력하게 거부하는 입장입니다. 창조과학회의 입장은 기독교 안에 존재하는 하나의 입장일 뿐 유일한 입장은 아닙니다. 인간 게놈 해독 프로젝트의 책임자였던 프란시스 콜린스 같은 분은 하나님의 창조 행위로서의 진화론을 주장합니다. 즉 하나님이 생명을 창조하신 방법이 바로 진화라는 것입니다. 그러므로 진화가 사실이라고 해서 창조주의 존재가 거부되는 것은 아닙니다. 진화는 하나님이 생명을 창조하는 방법일 수 있기 때문입니다.

진화론은 과학에 속합니다. 과학의 대상은 관찰과 측정이 가능한 물질 세계지요. 하지만 신학은 인간의 존재 의미와 목적 그리고 물질을 초월한 초자연, 영적 세계를 그 대상으로 합니다. 진화가 과학적 사실인지 아닌지는 과학계가 밝혀낼 것입니다. 그러나 삶의 의미와 인간의 궁극적 운명, 우주의 존재 이유 등과 같은 주제들은 과학이 다룰 수 있는 범위를 벗어나는 것입니다. 그것은 신앙의 차원에서 이해해야 하는 것들입니다.

8. 다른 종교에 비해 유독 기독교만이 독단적인 것 같습니다. 기독교는 다른 종교를 어떻게 봅니까?

먼저, 우리 중 어떤 그리스도인들이 저지른 무례를 용서해 주시기 바랍니다. 타종교 시설에 난입해 소란을 피우고 시설물을 훼손하거나 하는 행위는 예수 그리스도의 가르침에서 나온 것이 아닙니다. 그리스도인들이 존경해 마지않는 사도 바울은 로마의 신들을 비방하거나 신전에 들어가 무례를 범한 적이 없었습니다. 무례한 복음 전도는 예수 그리스도의 방법이 아님을 말씀드립니다. 사실 그런 보도를 접하게 될 때, 대다수 그리스도인의 반응은 "이제 좀 그만하지 왜 저래?"이지 "아이고, 참 잘했네. 하나님이 참 기뻐하시겠어"가 아니라는 점은 알아주셨으면 좋겠습니다.

저희 집은 어느 불교 대학 근처에 있습니다. 크리스마스가 되면 "아기 예수 탄생을 축하합니다"라는 대형 현수막이 내걸립니다. 이것을 보면 불교가 참 포용적인 종교라 느껴집니다. 하지만 포용적인 불교 신자들도 결국 수용할 수 없는 내용이 있습니다. 모든 사람은 저마다 하나의 세계관을 가지고 삽니다. 종교가 있든 없든, 사람들에게는 저마다 세상을 보고 평가하는 근본적 틀이 있다는 것입니다. 그리고 각 세계관에는 타협이 불가능한 지점들이 있습니다. 예수 탄생을 축하하는 현수막을 거는 불교 신자들이지만, 그들이 과연 예수를 메시아로 인정할 수 있겠습니까? 무신론자들이 신의 존재를 인정할 수 있겠습니까? 또는 무슬림들이 무함마드가 아닌 예수가 진정한 하나님의 선지자요 아들임을 인정할 수 있겠습니까? 요컨대, 세상의 모든 사람이 제각각 가진 세계관은 어느 지점에서 독단성을 가질 수밖에 없다는 것입니다. 다양한 관점을 이해하고 포용할 수 있을지언정, 모든 관점을 동시에 가질 수는 없기 때문입니다.

누구든 자신의 입장을 가질 권리가 있습니다. 우리는 이런 권리를 행사하는 것까지 독단이라고 말할 수 없습니다. 독단이란 힘과 권력을 이용해 자기 입장을 따르기를 강요하는 것인데, 자기 생각을 분명하게 가지는 것은 독단이 아닙니다. 우리는 각자 자신의 생각을 가질 권리가 있고, 특정한 입장을 가지고 대화할 수 있습니다. 자기 생각을 포기하는 것이 관용은 아닙니다.

진정한 관용은 자신의 입장에 서서 열린 대화를 하는 것입니다. 열린 대화란 대화를 통해 자기와 상대에 대한 이해의 폭을 넓히는 것이라 할 수 있겠지요. 때로는 자신의 입장이 변하기도 하고 상대의 관점이 달라지기도 할 것입니다. 그리고 더 이상 대화가 진전되지 않는 지점에 이르렀을 때는 상대방을 밀어내는 것이 아니라 포용하는 것입니다. 포용은 자기를 포기하지도, 상대를 굴복시키지도 않은 채 상대를 자신의 품 안에 두는 행위입니다. 저는 이것이 예수가 가르치신 관용이며 타종교에 대한 기독교의 가르침이라 믿습니다.

9. 종교로 인해 일어나는 문제들이 많습니다. 차라리 종교가 없어야 더 나은 세상이 될 수 있지 않겠습니까?

극단적인 종교인들로 인해 발생하는 문제들이 많습니다. 그래서 리처드 도킨스 같은 이는 세상의 모든 종교를 폐지하자고 주장하기도 합니다. 저는 자체적으로 폭력이나 사회적 문제를 내포하는 특정 종교가 있다고 생각합니다. 집단 자살을 권유하는 사이비 종교나 사린가스를 유포하는 종교 집단 등이 그렇습니다.

그러나 어떤 경우는 종교의 문제가 아니라 그 안에 속한 종교인들의 잘못으로 문제가 일어나기도 합니다. 특정 종교인들이 자신이 속한 종교의 신념을 저버린 채 문제를 일으키기도 하는 것이지요. 그래서 저는 어느 특정 종교가 일으키는 문제와 특정 종교에 속한 이들이 일으키는 문제는 구별되어야 한다고 주장합니다. 예를 들자면, 병원에서도 많은 문제가 발생합니다. 환자를 돈벌이 수단으로 생각하는 병원이나 불법 시술을 하는 병원들이 분명히 존재합니다. 소수의 경우이기는 하지만 병원에 소속된 직원들이 문제를 일으키기도 합니다. 그렇다고 병원을 없앨 수는 없습니다. 문제가 있다고 병원이나 의료 행위 자체를 없애는 것은 매우 어리석은 일일 것입니다. 문제는 병원 자체가 아니라 문제를 일으키는 사람이기 때문입니다.

교회도 병원과 같이 사람들이 모이는 곳입니다. 저 역시 목사이지만, 목사들 중 어떤 이들은 예수의 가르침을 따라 신실하게 살아가는가 하면 어떤 이들은 예수 그리스도의 가르침을 오해하거나 알면서도 그 믿음을 배반하기도 합니다. 권력욕에 사로잡힌 이들도 있고요. 돈벌이로 목회하는 이들도 분명 있습니다. 개중에는 사이비 집단도 있지요. 그러나 그것은 기독교가 일으키는 문제가 아니라 아직 회개하지 못한 이들 혹은 성숙하지 못한 '사람'이 일으키는 문제들입니다.

제가 이 책에서 줄곧 말씀드린 대로, 기독교의 가르침을 제대로 내면화한 제대로 된 교회와 그리스도인들은 세상 속에서 건강한 영향력을 발휘하게 되어 있습니다. 하지만 그중에는 성장이 더디거나 신앙의 영향을 지독히 받지 않는 사람도 있는 것 같습니다. 우리는 예수 그리스도를 중심에 모시지 않고 변화하려 하지 않는 사람들을 명목상의 그리스도인이라고 부릅니다. 목사든 장로든 상관없이 그들은 예수 그리스도를 만나야 할 필요가 있는 사람들입니다. 혹시 이 글을 읽는 독자 중에 우리 그리스도인들에게 받은 상처 때문에 하나님에게조차 마음을 닫아 버린 분들이 있다면, 그것은 하나님의 문제가 아니라 죄송하게도 우리 어리석은 그리스도인들의 문제임을 알아주셨으면 좋겠습니다.

10. 기독교는 십자군 전쟁을 일으켰습니다. 또한 기독교 국가였던 근대 서구 열강들이 제국주의적 침탈에 앞장섰습니다. 기독교의 역사적 과오들을 어떻게 생각하시나요?

그것은 명백히 잘못된 일이었습니다. 교회가 성경에 나타난 하나님의 뜻을 오해함으로 발생한 비극이었습니다. 콘스탄티누스 황제 이후의 기독교는 국가와 교회를 동일시했지만, 교회는 결코 세상 권력과 결탁해서는 안 됩니다. 세상 권력은 반드시 부패하기 마련이고, 그것과 결탁하는 교회 역시 부패할 수밖에 없기 때문입니다. 교회는 하나님의 통치를 살아내는 하나님 나라가 되어야 합니다. 세상 속에 사랑과 희생으로 드러나는 하나님 나라 질서를 살아가는 대안적 공동체가 되어야 합니다. 교회는 세상 권력이 아닌 하나님의 통치를 받으며 사랑과 섬김과 정의의 질서를 세상에 구현해야 합니다.

예수의 복음은 평화의 복음입니다. 예수는 불의한 권력이 휘두르는 폭력에 폭력으로 맞서지 않고 십자가에서 죽으심으로 그 폭력과 보복의 순환 고리를 끊으셨습니다. 성경은 예수 그리스도를 하나님과 사람, 사람과 사람 사이의 평화를 위해 희생제물로 드려지는 어린양으로 묘사합니다. 그러므로 교회가 권력을 앞세워 침탈을 일삼았던 것은 지극히 잘못된 일이었습니다.

11. 만약 외계인이나 외계 생명체가 존재한다면 하나님이 이 세상을 창조하셨다고 말할 수 있을까요?

외계 생명체의 존재 자체가 하나님이 창조주라는 사실을 부인할 근거로 채택될 수는 없습니다. 하나님은 창조과학자들이 주장하는 방법이든 지적설계론자 혹은 유신진화론자들이 주장하는 방법이든 상관없이 어떤 방법으로도, 또 지구와 유사한 환경이든 전혀 다른 환경이든 상관없이 어느 곳에서도 지적 생명체를 창조할 수 있는 분이기 때문입니다. 하나님이 존재하는지 여부는 그와는 별개로 탐구해 보아야 할 주제입니다(1장).

12. 친구 따라 교회에 갔다가 깜짝 놀랐습니다. 기도 시간에 사람들이 막 울어서 무서웠습니다. 왜 우나요?

많이 놀라셨군요. 예, 많이 우는 교회도 있고 또 잘 우는 사람들도 있습니다. 그건 경험해 보지 않으면 이해하기 어려울 것 같아요. 사람이 눈물을 흘리는 이유는 많지요. 감사해서 울기도 하고, 감동을 받아 울기도 하죠. 때로는 억울하고 서러워서, 또 미안하고 불쌍해서 울기도 하지요. 그리스도인이 기도 시간에 우는 이유도 다르지 않습니다. 그리스도인들은 기도 시간에 인격적인 하나님을 만나는 경험을 합니다. 때로는 그 만남이 너무도 따뜻하고 위로가 되어 눈물이 나오기도 하고 사람에게 상처 준 것이 생각나 미안한 마음에 울기도 합니다. 베풀어 주신 사랑이 너무나 감사해 울기도 하고요. 때로는 간절히 바라는 것이 있어서 울기도 하지요. 저 같은 경우는, 하나님을 알기 전에는 주로 억울하거나 분해서 울었지만 요즘은 남을 위해 기도하면서 우는 경우가 좀더 많아진 것 같습니다.

13. 모든 종교는 어차피 다 하나로 통하는 것 아닙니까? 그러니까 무슨 종교를 가지든 종교만 가지면 되는 것 아닌가요?

"산으로 오르는 길은 많지만 모든 길은 꼭대기에서 만나게 된다. 종교도 이와 다르지 않다"고 흔히 말합니다. 그런데 과연 그럴까요? 잘 생각해 보면 세상의 산꼭대기도 하나가 아닙니다. 한 곳에서 출발해 산을 오르는 사람들도 각기 다른 산봉우리에 다다를 수 있습니다. 세상의 산들에 여러 봉우리가 있듯이 종교도 그렇습니다.

각 종교가 신에 대해 설명하는 이야기들은 서로 달라도 너무 다릅니다. 불교에서 말하는 신은 죄업에 따라 인생을 윤회시키는 존재입니다. 구원은 윤회의 순환에서 벗어나 해탈하는 것이고, 다시 이 세상에 태어났다는 것은 그가 전생에 해탈에 실패했음을 의미합니다. 기독교의 하나님은 죄가 가져다준 고통에서 인간을 구원하는 분입니다. 기독교에서 구원은 예수 그리스도를 통해 잃어버린 하나님과의 관계를 회복하는 것입니다. 힌두교는 아시다시피 범신론적 세계관을 가지고 있습니다. 힌두교에서 낮은 카스트로 태어난 것은 전생의 죄업 때문이라고 말합니다. 이생은 벌을 받는 곳이며, 오직 고행과 선행을 통해 다음 생애를 기약해야 합니다. 너무도 다른 이 종교들의 주장이 동시에 옳다고 말하기는 힘들겠지요.

불교 문명, 힌두교 문명, 기독교 문명, 유교 문명, 이슬람 문명, 그리고 비교적 최근에 대두된 무신론적 문명인 자본주의와 공산주의 문명. 그 심층을 한 번 비교해 보십시오. 종교는 사람의 세계관과 삶의 양식, 삶의 목적에까지 영향을 미치고, 더 나아가 각기 다른 문명을 창조합니다. 이처럼 각기 다른 종교가 설명하는 신과 인간의 삶에 대한 이야기가 동시에 옳을 수는 없을 것입니다. 예컨대, 신이 있든지 없든지 하나만 진실일 것입니다. 한 사람이 다른 공간, 다른 시간에 동시에 존재할 수 없는 것처럼 말입니다. 신을 만나려 한다면 선택은 불가피합니다.

14. 개신교에는 왜 그리 많은 교파가 있습니까?

개신교의 기원은 종교개혁입니다. 종교개혁은 당시 로마 가톨릭의 종교적 폐해에 맞서 다양한 지역에서 다양한 인물이 주도한 개혁 운동이었습니다.

루터가 주도한 종교개혁은 후일 루터교를 형성하게 되었습니다. 프랑스의 칼뱅은 스위스를 중심으로 종교개혁을 주도했고 이후 개혁주의 장로교를 형성하게 됩니다. 성공회는 영국 국왕이 주도한 종교개혁으로 탄생했습니다. 재세례파 교인들은 국가가 주도하는 종교개혁에 반대하여 더 급진적인 개혁 운동을 일으켰습니다. 조금 후대에 일어난 감리교는 웨슬리의 부흥운동의 결과로 자연스럽게 태동했고, 종교의 자유를 찾아 미국으로 건너간 그리스도인들은 침례교를 발전시켰습니다. 즉 개신교의 다양성은 종교개혁을 비롯한 이러저러한 개혁 운동의 불가피한 열매였다고 볼 수 있습니다.

15. 타종교 선교가 금지된 국가에서 무리하게 진행되는 선교를 어떻게 생각하는지요?

선교가 금지된 나라에서는 공개적인 선교가 사실상 불가능합니다. 그러나 과거 특정 선교단체가 무리한 방법으로 공개적으로 단기선교를 감행하여 파장을 일으킨 바 있습니다. 그리스도인의 한 사람으로서 국민들에게 심려를 끼쳐 드린 점 죄송하게 생각합니다. 그런데 사실 그런 식의 무모한 단기선교로 가장 큰 피해를 입는 사람들은 현지에서 오랫동안 현지인과 우정관계를 맺고 신뢰를 쌓아 온 선교사들이었습니다. 무모한 단기선교 때문에 추방되는 일이 많았기 때문입니다. 한국교회의 전반적 입장을 말씀드리자면 어느 특정 단체가 보여 준 무리한 방식의 선교 활동은 큰 지지를 받지 못하는 편입니다.

성경이 지지하는 선교 방법은 대화와 선행, 기도입니다. 만약 어떤 종류의 선교 활동이 정치적 강압이나 폭력, 권력, 지위, 돈과 같은 강제력으로 이루어진다면 마땅히 거부해야 합니다. 과거 서구 기독교가 이런 방식의 선교를 감행하여 많은 국가들에 극심한 피해를 입혔던 것은 명백한 과오였습니다. 그리스도인은 어디 가든지 사람들과 관계를 맺고 그리스도의 사랑으로 사랑하는 삶을 살아야 합니다. 그 과정에서 서로가 가진 근본적 신념에 대해 대화하는 것은 자연스러운 일이지요. 그리스도인이 관계 속에서 자연스럽게 자신이 믿는 바를 설명하는 것, 그것이 선교라고 믿습니다. 제가 알기로, 무모한 방식으로 문제를 일으킨 몇몇 집단을 제외하고는 대부분의 선교사들이 현지에서 이와 같은 선교를 추구하고 있습니다.

한편으로, 선교의 목표는 개종이 아니라 복음을 알리는 것입니다. 그렇게 복음의 내용을 설명한 후에 일어나는 선택은 철저히 개인에게 달린 문제지요. 그런데 이와 같은 개인의 선택까지 통제하려는 특정 국가에도 저는 문제가 있다고 봅니다. 개종 혹은 선교를 금지하는 국가에도 타종교에 대해 알아보고 자발적으로 개종을 원하는 사람들이 있습니다. 우리나라 초기 그리스도인들이 그랬던 것처럼 말입니다. 우리나라에는 선교사가 들어오기 전에 이미 자발적인 성경 연구 모임을 통해 그리스도인이 된 사람들이 있었습니다. 이처럼 국가가 인간의 선택의 자유를 근원적으로 차단하는 것에 대해서도 심각한 문제 제기가 있어야 한다고 봅니다.

16. 언론에 드러나는 그리스도인들은 극보수주의자로 보입니다. 그리스도인들의 정치에 대한 견해가 무엇인지 알고 싶습니다.

교회 안에도 보수 진영을 지지하는 이들과 진보 진영을 지지하는 이들이 공존하고 있습니다. 우리 사회 구성원들이 그런 것처럼 그리스도인들도 대개 자신이 속한 세대에 따라 의견이 나뉘는 것 같습니다. 그리스도인들이 극보수주의자들로 보이는 이유는 한국교회 성도들의 주류가 연세 드신 분들이어서가 아닌가 생각됩니다. 저희 교회는 젊은이들이 대다수를 차지하는데 비교적 진보적인 정치 성향을 가집니다.

개인으로서의 그리스도인은 정의와 평화를 위해 정치에 적극적으로 참여해야 한다는 데는 별 이견이 없습니다. 그러나 교회가 직접 정치에 가담해야 하는가에 대해서는 교회 내부에서도 의견이 분분합니다. 교회가 직접 정치에 참여해야 한다는 입장은 교회가 하나님의 정의 추구에 헌신해야 한다고 생각하기 때문이고, 반대 입장은 교회가 현실 정치를 잘 알지 못하며 특정 정당이나 정치인에게 이용당할 위험이 있다고 보기 때문입니다.

저는 그리스도인이 진보든 보수든 지지할 수 있다고 생각합니다. 그러나 어느 쪽을 지지하든 그리스도인은 정의를 추구해야 한다는 것이 저의 생각입니다. 진보든 보수든 부패하거나 독단적으로 변질될 수 있습니다. 자신의 정치적 성향에 따라 진보나 보수를 지지할 수 있지만 그들이 불의한 일을 행할 때는 자신의 정치적인 입장을 떠나 강력하게 정의를 실천할 것을 요구해야 한다고 믿습니다.

17. 기독교 신앙을 가지고 싶습니다. 그런데 교회에 나가는 것이 부담됩니다. 꼭 나가야 하나요?

네! 나가셔야 합니다. 좋은 교회를 찾는다면 여러 가지 부담감은 기쁨과 즐거움으로 변할 것이라고 강력하게 확신하는 바입니다. 하나님은 우리가 그분의 뜻에 따라 서로를 자기 몸처럼 깊이 사랑하는 사랑의 공동체를 세우기 원하십니다. 우리는 하나님이 원하는 공동체가 되어 서로를 사랑하기 위해 교회를 이루어야 합니다. 혼자서 사랑할 수는 없잖아요? 더 자세한 내용은 이 책 제7장과 제9장에 나와 있습니다.

18. 예수에 관한 루머가 많습니다. 성경에 예수가 하나님이라고 기록한 이들은 예수 자신이 아니라 제자들과 교회가 아니었습니까? 예수는 단지 훌륭한 인간이었을 뿐인데 후대 사람들이 어떤 의도를 가지고 신격화한 것은 아닌가요?

신약 성경을 주의 깊게 읽어 보면, 제자들과 교회가 예수를 하나님이 보내신 그리스도 즉 하나님의 아들이자 진정한 왕임을 믿고 있었던 것은 분명합니다. 그렇다면 이런 질문을 해 볼 수 있습니다. '제자들과 초대교회 성도들은 왜 예수를 그리스도라 믿었을까?' 그들은 그들이 '믿은 것'을 성경에 기록했지만 처음부터 예수를 하나님의 아들로 믿지는 않았을 것입니다. 믿게 되었다면 이유가 있었을 것이고, 인간 예수를 하나님의 아들 그리스도라 믿을 만큼 충분한 이유여야 했을 것입니다.

고결한 인격과 기적들만으로도 예수는 메시아로 인정받기 충분했지만 결정적인 것은 그의 부활이었습니다. 그들은 1,500여 년간 구약 성경에 기록된 메시아 예언을 가지고 있었습니다. 그들은 그 예언들에 비추어 예수가 스스로 메시아라고 주장한 것들을 비교해 볼 수 있는 위치에 있었지요. 메시아 예언은 태어나는 가문을 비롯해 태어나는 장소, 죽음에 이르는 방법 등을 구체적으로 명시해 두고 있었는데 그중 가장 중요한 것이 바로 '의인들의 부활'이라는 예언이었습니다. 결정적으로 예수의 부활은 예수가 메시아라는 믿음을 갖게 하기에 충분한 조건이었습니다.

결론적으로 말한다면, 제자들과 초대교회가 자신은 믿지도 않았던 것을 신약 성경을 통해 신격화해 후대에 전달한 것이 아닙니다. 신약 성경은 예수의 인격과 삶, 특히 부활을 통해 예수를 '그리스도시요 살아 계신 하나님의 아들'이라 믿게 된 제자들과 초대교회의 기록인 것입니다. 저는 이 내용을 제5장과 제6장에서 자세하고 깊이 있게 다루었습니다.

19. 성경에 나타난 윤리에 대한 질문입니다. 구약에는 돌로 쳐서 죽이라는 명령이 많이 나오는데 그것이 하나님의 명령이라면 지금은 왜 시행하지 않습니까?

우리나라의 옛 형벌 제도에는 곤장, 주리 틀기, 참수형, 능지처참 등 잔인한 형벌들이 많았습니다. 그러나 지금은 그런 형벌들이 다 사라졌습니다. 시대가 변한 것이지요. 구약 성경에 나오는 돌로 쳐 죽이는 투석형은 그 시대에 보편적으로 인식된 일반적 사형법이었습니다. 당시는 청동기 시대였는데도 불구하고 청동 날로 사형을 집행하지 않았다는 사실이 주목할 만한 점입니다. 그리고 구약 성경을 읽어 보면 투석형이 실제 집행된 사례는 극히 드뭅니다. 그러므로 그것으로 하나님의 폭력성을 드러낸다고 하는 것은 좀 과한 평가라고 할 수 있습니다.

구약 형법의 기초였던 '눈에는 눈, 이에는 이' 원칙은 가해에 대한 제한적 보복만을 허용하는 법이었습니다. 싸우다 눈을 다치면 사람들은 보통 눈만 치는 것이 아니라 죽이려 들지요. 이가 부러진 사람들은 아예 얼굴을 부셔 놓으려 합니다. 그래서 하나님은 인간의 악한 본성을 아시고 거기까지만 하라는 제한을 두신 것입니다. 즉 피해를 입은 만큼만 형벌을 주라는 것입니다.

그런데 메시아가 오신 후 인간은 더 이상 구약 율법의 지배를 받지 않습니다. 이제 율법은 메시아로 말미암아 완성됩니다. 예수님은 "내가 율법을 완성하러 왔다"고 말씀하셨지요. 율법에 담긴 하나님의 원래 의도는 보복이 아니라 용서와 화해였습니다. 그리고 이 구약의 율법을 예수는 산상수훈에서 이렇게 완성합니다. "'눈은 눈으로, 이는 이로 갚아라' 하고 말한 것을 너희는 들었다. 그러나 나는 너희에게 말한다. 악한 사람에게 맞서지 말아라. 누가 네 오른쪽 뺨을 치거든, 왼쪽 뺨마저 돌려 대어라. 너를 걸어 고소하여 네 속옷을 가지려는 사람에게는, 겉옷까지도 내주어라. 누가 너더러 억지로 오 리를 가자고 하거든, 십 리를 같이 가 주어라. 네게 달라는 사람에게는 주고, 네게 꾸려고 하는 사람을 물리치지 말아라"(마태복음 5:38-42). 즉 율법은 사랑으로 완성됩니다.

사람이 결혼을 하면 삶의 모습이 미혼일 때와는 전혀 달라집니다. 마찬가지로 그리스도인의 윤리도 메시아가 오신 후에는 달라지는 것입니다. 하나님은 깨어진 세상을 향한 그분의 뜻을 메시아가 이루실 것이라고 구약 성경을 통해 계속 약속해 오신 터였습니다. 하나님이 메시아를 보내신 이유는 '샬롬' 즉 평화의 통치를 실현하기 위해서였습니다. 메시아는 폭력을 종식시키고 사랑의 법으로 하나님의 백성들을 다스리러 오셨습니다. 그러므로 구약의 율법을 메시아 이후 시대에 그대로 적용해서는 안 되겠습니다.

지면 관계상 여러분이 궁금해하시는 모든 문제를 다 다루지는 못했습니다. 이 책을 다 읽고 난 후 기독교에 대해 궁금한 것들이 있다면 제 메일로 질문을 보내 주세요. 제가 아는 한 성의껏 답해 드릴게요. kimyoubok@gmail.com 입니다.

깨어진 세상, 희망의 복음

초판 발행_ 2014년 2월 24일
초판 6쇄_ 2023년 11월 10일

지은이_ 김유복
펴낸이_ 정모세

펴낸곳_ 한국기독학생회출판부
등록번호_ 제2001-000198호(1978.6.1)
주소_ 04031 서울시 마포구 동교로 156-10
대표 전화_ (02)337-2257 팩스_ (02)337-2258
영업 전화_ (02)338-2282 팩스_ 080-915-1515
홈페이지_ http://www.ivp.co.kr   이메일_ ivp@ivp.co.kr
ISBN 978-89-328-1327-1

ⓒ 김유복 2014

책값은 뒤표지에 있습니다.
무단 전재와 복제를 금합니다.